Lo que dicen los líderes

Este libro te puede ayudar a descargar cualquier equipaje extra que estés cargando. El mensaje es muy oportuno.

PASTOR BILLY JOE DAUGHERTY,
CENTRO DE VICTORIA CRISTIANA, TULSA.

Este no es simplemente un libro que todos debemos leer, es un libro que todos debemos tener a mano para dárselo a quienes amamos y estén luchando con la amargura y la falta de perdón.

TOMADO DEL PRÓLOGO DE JIMMY EVANS,
PRESIDENTE Y FUNDADOR DE EL MATRIMONIO ACTUAL.

Duane Vander Klok es práctico, poderoso y persuasivo. No solo amarás este libro, cambiarás con él. Trae una poderosa verdad que te hará libre.

CASEY TREAT, PASTOR PRINCIPAL,
CENTRO DE FE CRISTIANA, SEATTLE.

Todo aquel cuyo corazón esté diciendo, *¡Dios, ayúdame! Estoy muy cansado de estar paralizado por los malos recuerdos de mi pasado,* necesita leer este libro que cambia vidas y da libertad. Al leerlo, me atrapó la gran cantidad de personas que no pueden vivir efectivamente el ahora porque todavía están aferrados a los recuerdos del ayer. ¡Qué tragedia! ¡Hay tanta vida por vivir ahora! ¿Quieres dejar atrás tu pasado de una vez por todas y vivir hoy una vida plena mientras cumples el plan de Dios para tu futuro? De ser así, te recomiendo que leas este libro de inmediato.

RICK RENNER, PRESIDENTE DE MINISTERIOS RICK REENER;
PRESIDENTE DE LA ASOCIACIÓN DE PASTORES
E IGLESIAS BUENAS NUEVAS;
PASTOR DE LA IGLESIA BUENAS NUEVAS DE MOSCÚ.

El exceso de equipaje únicamente hace más pesada la carga. No podríamos estar más de acuerdo con el pastor Duane, una vez que hemos visto de primera mano que su sabiduría y conocimiento pueden ayudar a todo aquel que lea esto a seguir adelante y llegar a un grado superior en Cristo. Este libro nos recuerda un dicho que durante años hemos tenido en el ministerio: «Cuando ruedes por el camino de la vida, ¡rompe el espejo retrovisor!» No puedes seguir adelante mirando atrás, y lo que te sobra en el baúl solo impedirá tu progreso para avanzar.

HARRY Y SHERYL SALEM,
FUNDADORES DE LOS MINISTERIOS FAMILIARES SALEM

Tú y yo tenemos que tomar una decisión: o nos sofocamos en una selva de amargura, o empezamos a mejorar. El pastor Vander Klok esboza un plan para sobreponernos de la pesada carga que evita que los líderes cumplan con su labor, y lo que es más importante aún, no permite a la gente tener una relación íntima con Dios. ¡Qué visión! Utilizar la sublime gracia de Dios para encontrar un tesoro esencial y vivir una vida de perdón.

WILLIAM V. CROUCH
PRESIDENTE, VAN CROUCH COMMUNICATIONS.

Un material indispensable de lectura. Todos hemos sido heridos y todos sabemos que debemos perdonar, pero ¿cómo perdonamos? No podemos tomar un paso adelante, ni hoy ni mañana, hasta que no dejemos atrás el ayer. El pastor Duane Vander Klok, nos muestra *cómo* perdonar para que nuestras vidas salgan de su estancamiento y así poder cumplir el destino que Dios tiene para nosotros. Resulta fascinante su amable, compasiva y jovial presentación. No podrás dejar de leer este libro.

ROBERT MORRIS, PASTOR PRINCIPAL,
IGLESIA GATEWAY, SOUTHLAKE, TEXAS.

QUITA
LO QUE
ESTORBA
DE TU
BAÚL

QUÍTALOS *de tu* PASADO
para VIVIR TU MEJOR VIDA

DUANE VANDER KLOK

La misión de Editorial Vida es proporcionar los recursos necesarios a fin de alcanzar a las personas para Jesucristo y ayudarlas a crecer en su fe.

QUITA LO QUE ESTORBA DE TU BAÚL
Edición en español publicada por EDITORIAL VIDA —2007
Miami, Florida
© 2007 por EDITORIAL VIDA

Publicado en inglés bajo el título:
Get the Junk Out of Your Trunk
por Chosen Books, una división de Baker Publishing Group
© 2005 por Duane Vander Klok

Tradúcción: Dina Gallegos
Edición: Elizabeth Fraguela M.
Diseño interior: artserv
Adaptación de cubierta: Grupo Nivel Uno, Inc.

ISBN-10: 0-8297-4680-3
ISBN-13: 978-0-8297-4680-8

Categoría: RELIGIÓN / Vida cristiana / Crecimiento espiritual

Impreso en Estados Unidos de América
Printed in the United States of America

07 08 09 10 11 12 ❖ 6 5 4 3 2 1

*Dedico este libro
a Jeanie,
mi esposa, con quien
estoy viviendo una
apasionante vida
de fe y perdón.*

Contenido

Reconocimientos   9

Prólogo   11

1. El alto precio de vivir deprimido   13

2. Deja ir el ayer   21

3. Un baúl lleno de tormentos y problemas   33

4. Entiérrame bajo el sicómoro   43

5. El efecto cegador de la amargura   55

6. La amargura atrae malas compañías   65

7. Una historia de dos baúles: El rey Saúl   75

8. Una historia de dos baúles: José   85

9. Amargado hasta los huesos   97

10. Amargura hacia Dios: La carga más ignorada   107

11. Una clara conciencia y un baúl libre
    de desperdicios   117

12. El perdón genuino y el tesoro esencial   131

Reconocimientos

Le agradezco a John Nardini que me diera la visión para plasmar esta enseñanza sobre el perdón en forma de libro, me hiciera los contactos necesarios para que esto sucediera y me alentara en el proceso.

También le agradezco a Trish Konieczny sus incontables horas de meticulosa labor en el manuscrito y las revisiones.

Sin John este proyecto no se habría realizado. Sin Trish, este proyecto no se habría realizado.

También le agradezco a: Jane Campbell, Directora Editorial de *Chosen Books*, por su invaluable guía y entusiasmo; Paulette Albrecht, por su rápida y precisa transcripción; y Deb Ayllworth y Jodi de Melo-Hanson, mis asistentes, por cuidar de los detalles diarios.

Prólogo

Luego de veinticinco años de ministerio, he llegado a la conclusión de que el asunto primordial que daña la vida de la gente y evita que se realicen en el ámbito personal, emocional y relacional, es la amargura. Es un tema universal que todos nosotros debemos tratar, con el fin de ser libres de nuestro pasado y ser capaces de seguir adelante con la vida.

Duane Vander Klok ha sido mi amigo durante varios años. Sin lugar a dudas, es la persona apropiada para escribir este libro acerca de la liberación de emociones tóxicas y cómo liberar tu corazón de la amargura y la falta de perdón. He pasado muchas horas conversando con Duane acerca de los asuntos difíciles y las «personas doloridas», y nunca le escuché proferir una palabra de amargura. En lugar de ello, es un hombre lleno de gracia que ha aprendido bien lo que él enseña en este poderoso libro.

Como el dotado pastor y comunicador que es, Duane Vander Klok nos ofrece este importante texto sobre un tema determinante. Este no es simplemente un libro que todos debemos leer; es un libro que todos debemos tener a mano para dárselo a quienes amamos y estén luchando con la amargura y la falta de perdón.

Jimmy Evans
Presidente y fundador de Marriage Today

1

El alto precio de vivir deprimido

Denise tenía un esposo gentil y decente que la amaba. También sus hijos la amaban. Tenían un hogar bueno. Dios tenía una magnífica vida planificada para ella. Aun así, ella estaba divorciándose y dejando su vida atrás...

Eric estaba tomando demasiado, y él lo sabía. Reconocía el daño que esto le hacía a su esposa, a su trabajo y a su vida espiritual. Sus hijos le tenían miedo. *¡En nada me parezco a mi padre!* Se consolaba Erick. *Mi viejo era de lo peor, el borracho más abusivo...*

Bill miraba la contundente evidencia de asesinato que había en contra del socio de su padre. Era concluyente: esa vil persona había contratado a alguien que matara a su padre. Bill se sintió furioso al presenciar que por evidencia inadmisible, el autor del crimen no fue a juicio ni lo castigaron, por eso prometió hacer justicia. *La venganza —pensó Bill— será mía...*

Personas diferentes, circunstancias diferentes. Pero ellos y muchos más, han pagado el alto precio de vivir deprimidos. Eligen algo que les cuesta, a unos sus matrimonios, a otros sus hijos, a algunos sus trabajos, sus posesiones, su paz mental... incluso sus vidas. Este bajo nivel de vida no merece el alto precio que exige.

Un baúl lleno de basura pesará, como también te deprimirás si eliges tener basura en tu corazón. Hará que vivas por debajo de tu potencial, te privará de paz, te robará la alegría, te dejará sin esperanza y arruinará tus relaciones. Te alejará de tus ilusiones y sueños, ya que tu energía estará constantemente agotada por querer manejar la vida con un baúl lleno de basura.

El baúl del que hablo no debe cargar con toda esa «basura». Ese baúl es el lugar que la Biblia llama el corazón. Puedes llenarlo con tesoros: sueños que Dios te da, maravillosos recuerdos, la alegría de una relación especial, cosas que te llenan de satisfacción y agradecimiento.

Pero también puedes colocar desperdicios: basura que no deseas o que fuiste incapaz de resolver. Si recibiste una ofensa y te aferraste a ella, la colocaste en tu baúl. Si te sujetas fuertemente a tus heridas, ellas ocuparán un lugar en tu baúl. Si el dolor de tu pasado no se ha marchado, va contigo en tu baúl. Vivir con basura en tu baúl te roba la paz, se convierte en una carga y eventualmente envenena otros aspectos de tu vida.

Cualquiera puede acumular basura en un baúl. Jesús nos dijo: «Los tropiezos son inevitables, pero ¡ay de aquel que los ocasiona!» (Lucas 17:1). En otras palabras, no debemos ver como algo extraño que la gente nos maltrate, critique, nos mienta o nos calumnie y que hagan otras cosas que no nos deben hacer. Todas las personas tienen numerosas oportunidades de ser el blanco de las ofensas, se los garantizo. Estas cosas suceden, y si no tenemos cuidado, llenaremos nuestros baúles con cada ofensa y herida que recibamos.

Las personas más cercanas a nosotros con frecuencia son las causantes de las heridas más graves, haciendo las ofensas más fáciles de recoger. Estas son las que más nos afectan porque somos más vulnerables y abiertos a esas personas. Si una persona que no conozco critica duramente mi sermón, puedo pesar el contenido de las palabras, aplicar lo que sea necesario, desechar el resto y continuar. *Pero*, si mi esposa dijera: «El sermón que diste hoy fue terrible… y te viste muy mal…». Eso me descontrolaría. Me sentiría decepcionado, fracasado, rechazado y herido. La situación es perfecta para que me ofenda y llene mi corazón con pensamientos amargos: *Ella no me aprecia... Nada la satisface... Siempre se desquita conmigo... Tampoco es tan perfecta, de hecho, recuerdo cuando fracasó... Ella hace muy mal trabajo... y...* Es asombroso como un poco de «contaminación del corazón» (o mejor dicho, «contaminación de una lesión») hace que nuestros baúles se llenen de éstas, una tras otra, y arruinen nuestras relaciones más cercanas. Pero nosotros debemos y *podemos* perdonar las ofensas, incluso aquellas que vienen de las personas más cercanas a nosotros.

Las ofensas son como sustancias nocivas. Mi esposa, (por ser del campo y tener experiencia con las vacas) describe las ofensas como «embarro de estiércol», algo de lo cual nos limpiaríamos *inmediatamente*. Aun así, en lugar de botar las ofensas, como lo haríamos cuando se trata de un pañal desechable usado, las aceptamos, las recogemos, rellenamos nuestros bolsillos y convivimos con ellas. Y luego le echamos la culpa a los demás porque nuestra vida apesta.

Es posible que en nuestros baúles coloquemos orgullo y decepción, como también es posible que depositemos tormentos mentales o recuerdos de un pasado doloroso. Cualquiera que sea el agravio, si rehusamos dejarlo ir mediante un acto de perdón, viajará por la vida con nosotros. Nuestros corazones se contaminarán y experimentaremos los efectos tóxicos de la amargura: pérdida de paz y de enfoque, pérdida de la salud, pérdida de nuestras relaciones más importantes. La falta de perdón y la amargura son cargas peligrosas y muy pesadas que se arrastran y nosotros no fuimos hechos con el propósito de ir por la vida arrastrándolas. Por eso no me asombra que bajo su peso opresor estemos destinados a vivir deprimidos en lugar de vivir una vida mucho mejor, como la que Dios quiso para nosotros.

Jesús viajaba ligero

Lo que elegimos llevar en nuestros baúles puede determinar si nos vamos a aferrar a una vida mejor que Dios planeó para nosotros, o si siempre luchemos por lo que no está a nuestro alcance. Jesús nos enseñó cómo evitar pagar un alto precio por vivir deprimidos. Él no acumuló basura en su baúl, ni siquiera la que le dieron los más cercanos a él. No tomaba en cuenta los agravios ni los dejaba entrar en su corazón. Judas, durante el ministerio de Jesús, estuvo a su lado como uno de los doce más cercanos a él. Cuando Judas lo traicionó con un beso, Jesús simplemente lo llamó «amigo» y lo perdonó. Incluso al momento de la crucifixión perdonó a quienes lo ofendieron y oró: «Padre … perdónalos, porque no saben lo que hacen» (Lucas 23:34). Jesús perdonó a todos por todo, y lo hizo de inmediato.

Si tú haces lo mismo, estás comenzando a crecer espiritualmente. Cuando lleguen las ofensas, éstas resbalarán de ti como rueda el agua por el plumaje de los patos. ¿Qué pasa si echas agua sobre un pato? ¡El pato no se moja! Aunque eches cientos de galones de agua sobre el pato, seguirá seco. Su plumaje hará que el agua resbale sin tocarlo. Eso es lo que debe suceder con los agravios en nuestras vidas. Deben resbalarnos.

En 1 Corintios 13:5 dice que el amor no toma en cuenta el mal que le hayan hecho, o como dice en otras versiones, el mal que haya sufrido. Puedes sufrir un agravio y ponerlo en tu baúl. Incluso podrías pretender que otros lo pusieran en el suyo luego de contarles todo: «Él me lastimó y, ¿sabes que más hizo?». O podrías vivir en amor. No importa lo que alguien haga, deja que te resbale y sigue adelante. Al dar el siguiente paso, dices: «Bendícele Señor». Habrás perdonado a esa persona y seguirás viviendo tu vida sin permitir que eso te detenga.

Sin basura, con paz

Es posible llegar a un punto en el que nada te ofenda. Tú decides de antemano, así como Jesús, que no te vas a ofender, para así mantenerte lleno de la Palabra de Dios. El salmista escribió: «Los que aman tu ley disfrutan de gran bienestar, y nada los hace tropezar» (Salmos 119:165). Cuando la Biblia dice nada, significa nada. Si nada te hace tropezar, tienes gran paz. Desde

otro punto de vista, cuando las ofensas llegan a tu vida, tu paz
será lo primero en salir. Las dos cosas no pueden coexistir: no
puedes estar ofendido y tener paz. Puedes permitir que las cosas
te ofendan y no tener paz, o puedes evitar que las cosas te afecten
y tener mucha paz. Esa es la decisión a la que todos debemos
llegar, el punto en que nada nos afecte y nos arrebate la paz.

La paz es demasiado importante para prescindir de ella. Tan
importante es que cuando Jesús envió a sus discípulos, les dijo:
«Al entrar, digan: "Paz a esta casa." Si el hogar se lo merece,
que la paz de ustedes reine en él; y si no, que la paz se vaya
con ustedes» (Mateo 10:12-13). La paz es una fuerza espiritual
positiva, así como el temor es una fuerza espiritual negativa. La
mayoría de la gente nunca dice: «Paz a esta casa» cuando entra
a una casa; sin embargo, Jesús dice que cuando entramos a un
lugar, la paz entra con nosotros. ¿Por qué esta era una práctica
importante para los discípulos cuando salían a predicar el Evangelio? Porque necesitaban un lugar desde el cual ministrar —y
no cualquier lugar—, debía ser un lugar de paz.

Como creyentes, todos somos ministros, por lo tanto, todos
necesitamos un lugar de paz. De hecho, el no tener un lugar de
paz para ministrar, puede mermar tu ministerio. Así también, si
no tenemos paz en nuestro hogar, se mermará nuestra habilidad
para ministrar dentro y fuera del mismo.

Jesús quiere que tengamos paz; sin ella, tropezamos espiritualmente. *La Biblia de la Américas* dice en el Salmo 119:165:
«Mucha paz tienen los que aman tu ley, y nada los hace tropezar». Hebreos 12 compara la vida espiritual con una carrera de
velocidad. Es difícil correr apropiadamente cuando tropezamos.
En efecto, cuando permitimos que las ofensas entren en nuestras
vidas, estamos atando los cordones de nuestros zapatos espirituales e intentando correr así. Permitir que el resentimiento,
la falta de perdón y el odio entren en nuestras vidas hace que
caigamos espiritualmente, no importa cuánto nos esforcemos.

Si algo te hace dar traspiés o se ha convertido en una carga en
tu carrera espiritual, sería sabio revisar la carga de tú baúl. No

tienes por qué luchar, o lo que es peor, abandonar la carrera. Tú puedes experimentar la liberación y disfrutar de la libertad.

En los siguientes capítulos te invito a permitir que la Palabra de Dios te revele lo que contiene tu corazón. Si cualquier basura no pertenece ahí, aprenderemos a sacarla fuera y dejarla atrás. Las preguntas de la sección «Descarga tu baúl», que se encuentran al final de cada capítulo, te servirán de ayuda durante este proceso.

Te invito a mirar con honestidad cualquier amargura y sus consecuencias que estén ocupando espacio en tu baúl: basura nacida de recuerdos dolorosos, decepciones, relaciones poco saludables, ira no resuelta, o una mala salud física o espiritual. Hablaremos acerca de cómo empezaron las raíces de la amargura, cómo podemos detenerlas antes que causen problemas y también de la basura que acabamos por arrastrar cuando no le ponemos un alto. Luego expondremos hábitos dañinos tales como quejarse o motivar contiendas. Enfrentaremos los amargos pensamientos hacia Dios. Examinaremos la importancia de tener la conciencia limpia y un baúl sin basura. Y aprenderemos cómo perdonar genuinamente y poseer el tesoro de un corazón lleno de paz, para así vivir lo mejor que podamos para Dios.

Es posible que al principio te parezca difícil enfrentar la basura que descubras en tu baúl. Es posible que te parezca una parte permanente de tu ser, pero Jesús vino para librarte de las cosas que podían destruir tu vida, tu paz, tu hogar y tu futuro.

El Espíritu del Señor omnipotente está sobre mí, por cuanto me ha ungido para anunciar buenas nuevas a los pobres. Me ha enviado a sanar los corazones heridos, a proclamar liberación a los cautivos y libertad a los prisioneros… Me ha enviado a darles una corona en vez de cenizas, aceite de alegría en vez de luto, traje de fiesta en vez de espíritu de desaliento.

ISAÍAS 61:1, 3

Dios pagó un alto precio por liberarte de la basura que te iba a destruir. Él es todo lo que necesitas para estar libre de basura. Si quieres conocer la paz, ministrar efectivamente y hacer una carrera espiritual correcta, continúa leyendo. Asegúrate de almacenar tesoros en el baúl de tu corazón y sacar los desperdicios.

Descarga tu baúl

1. A menudo las Escrituras hablan de la condición de nuestros corazones. Proverbios 4:23 dice: «Por sobre todas las cosas cuida tu corazón, porque de él mana la vida». ¿Te sientes frustrado por algunos asuntos en tu vida? Es posible que estén «oliendo mal». ¡Es tiempo de sacar la basura!

2. ¿Conoces a alguien que esté lleno de entusiasmo y emane emoción por vivir? ¿Recuerdas a alguien que viva deprimido, que apenas pueda sobrellevar un día, debido a la pesada carga que le representa la vida? Imagina que ubicas los «baúles» de estas personas uno junto al otro y los abres. ¿De qué manera crees que sus contenidos puedan ser diferentes?

3. ¿Te sientes como una de las personas de la pregunta 2? ¿Estás entre estos? ¿Sientes tu corazón pesado o liviano, en paz o en conflicto? ¿Crees que algo del contenido de tu baúl pueda estar ahuyentando la paz y el gozo en tu vida? Empecemos el proceso hacia la paz.

2 Deja ir el ayer

Después de terminado el servicio, vi que una pareja venía por el pasillo en mi dirección y me preguntaba si su acercamiento se convertiría en un juego de tira y afloja. El brazo del hombre estaba estirado completamente hacia atrás agarrando la mano de ella. El brazo de ella estaba estirado completamente hacia el frente, y ella se inclinaba hacia atrás, resistiéndolo a él. Literalmente, él la halaba. Su mano se aferraba a la de ella, mientras esperaban para hablar conmigo.

Yo estaba parado frente al santuario, reunido con algunas personas para orar. Cuando por fin me acerqué a esta pareja, les pregunté:

—¿Puedo ayudarles?

—Pastor, necesito que ayude a mi esposa… necesito que la componga.

¿Componerla?, pensé.

—¿Qué sucede?

—Se quiere divorciar de mí —me dijo angustiado.

—¿Qué hiciste?

—No lo sé, pastor. Que yo sepa, no le he hecho *nada*.

Repasé su historia con ella:

—¿Es verdad que quieres divorciarte?

—Sí —dijo ella rotundamente.

—¿Por qué?

—Lo odio —dijo apasionadamente.

—¿Qué te hizo él?

—Es un hombre —me respondió—, odio a los hombres. Odio a *todos* los hombres. A usted también lo odio.

Ella odia a su esposo, odia a los hombres que ni siquiera conoce. Me odia a mí. Un hombre debió haberle hecho algo, pensé yo.

No necesité ningún don o discernimiento especial para darme cuenta de esto.

Le pregunté:

—¿Algún hombre te lastimó, o fue tu esposo quien lo hizo?

—No, no. *Simplemente odio a los hombres* —exclamó.

Su ira estaba al rojo vivo, por eso supe que había algo más. Seguí intentando descubrir el motivo de su ira hasta que finalmente salió a flote. Cuando esta mujer, a quien llamaré «Denise», era una jovencita, un miembro de su familia abusó sexualmente de ella durante años.

Me miró y dijo: «Si pudiera, lo mataría».

No lo dudé. Más adelante, mientras continué hablando con esta pareja, me di cuenta que esta mujer tenía una situación en la que muchas habrían querido estar: su esposo la amaba genuinamente, sus hijos también la amaban, y era evidente que Dios tenía un gran plan para su vida. Aún así, ella diariamente se resistía a aceptar todo esto. Obviaba el presente para así volver a vivir la agonía, el reproche y la ofensa de lo ocurrido años atrás; y ahora pensaba alejarse definitivamente de su hogar. Denise no era capaz de tomar lo que Dios tenía para ella en la actualidad, porque sus manos estaban repletas del pasado. Había llenado su baúl con recuerdos muy dolorosos y falta de perdón, y eso estaba destruyendo las más valiosas relaciones de su vida. No podía continuar, pero tampoco veía una forma en la cual pudiese dejar las cosas atrás y perdonar.

Si en la actualidad pudiésemos tener al apóstol Pablo con nosotros y preguntarle: «Pablo, ¿cuál ayuda tú consideras la más importante para nuestras vidas espirituales?» Creo que Pablo nos llevaría directamente a Filipenses 3:13 y nos diría: «Hermanos, no pienso que yo mismo lo haya logrado ya. Más bien, una cosa hago: olvidando lo que queda atrás y esforzándome por alcanzar lo que está delante...»

Hay millones de personas que en la actualidad no pueden vivir una vida maravillosa porque aún están atrapados por su pasado. En este pasaje Pablo nos dice que olvidemos aquellas cosas que están atrás y alcancemos lo que está por delante. Si tu baúl está lleno de recuerdos dolorosos y falta de perdón, tus manos están repletas del pasado. Eso nos impide tomar lo que Dios tiene para nosotros en este momento e imposibilita alcanzar lo que Dios tenga para el futuro.

Le expliqué esto a Denise y luego añadí:

—Jesús dice que debes perdonar a este hombre que te hizo daño.

—No puedo —me dijo.

—Jesús dice que puedes —le insistí.

Sé que parecía imposible para ella, pero también sabía que la falta de perdón en su baúl estaba calando su existencia como un veneno. En la casa Jeanie, mi esposa, siempre dice que la falta de perdón es como tomarse uno el veneno y esperar que muera la otra persona.

La falta de perdón es un veneno, pero es un veneno en *tu* organismo, no en el de la persona que te hizo daño. La mitad de las veces esa persona ni siquiera sabe que te ha molestado, él o ella realizan su rutina diaria, mientras tú te aferras a todo el dolor. El veneno de la falta de perdón devora *tu* vida, afecta tu presente y afectará tu mañana.

Quién sabe si durante todos estos años el familiar abusivo de Denise pensó en ella en alguna otra ocasión. Sin embargo, cada vez que ella recordaba esos episodios dolorosos, se volvía a sentir avergonzada. Estaba reteniendo los pecados de *él*, pero así no lo castigaba y mientras tanto era *ella* la que se envenenaba. Tenía un problema tóxico. Para sacar el veneno de su organismo debía sacar de su baúl la falta de perdón. Perdonar a su agresor no iba a borrar sus recuerdos, pero iba a eliminar el dolor de ellos. El veneno se evaporaría.

—No creo que *pueda* perdonarlo —volvió a decirme.

—Ora conmigo de corazón.

—Está bien —susurró, y yo la guié en oración.

Aquel día Denise perdonó a su agresor y estuvo de acuerdo en seguir orando por él de ahí en lo adelante. Fue lo mejor que pudo hacer. Dos meses después, mientras predicaba, la vi sentada cerca —y quiero decir *realmente* cerca— de su esposo. Los miré mientras estaba predicando. Estaban tan absortos uno en el otro que parecían recién casados. Cuando vi que él se inclinó y la besó, pensé: «*Hey, eso está maravilloso, pero esperen a llegar a casa*».

¡Guau! ¿Qué les había pasado? Ella se había librado del pasado y de toda la basura que la retenía. Entonces, pudo alcanzar lo que Dios tenía para ella ahora y para la mañana.

¿Sientes la punzada de los dolorosos recuerdos que guardas en tu baúl? ¿Estás envenenándote por la falta de perdón? Es posible que tengas tus manos repletas de ayer y lo revives diariamente. No podrás tener un maravilloso presente ni un hermoso mañana si todavía estás acumulando la basura venenosa del pasado. Pero si deseas dejar atrás el pasado y perdonar, te limpiarás de esas toxinas mortales. Saca la basura de tu baúl. Haz como Pablo dice: olvida lo que está atrás y alcanza lo que Dios tiene para ti más adelante.

Los cegadores espirituales del orgullo

¿No te alegra saber que Dios nos perdona? Son las mejores noticias que cualquier persona podría recibir. ¿Recuerdas la historia en la que Jesús estaba predicando dentro de una casa y cuatro hombres trajeron a su amigo paralítico para que lo viera? Como la multitud era tan grande, no había forma de entrar a la casa. Así que, estos cuatro hombres se subieron al techo —no debe haber sido sencillo llevar a un paralítico hasta allá— abrieron un hueco y bajaron al hombre en su camilla hasta los pies de Jesús. ¡Eso sí que es interrumpir un culto! Cuando yo predicaba como misionero, en el culto había niños, perros, gallinas y hasta un cerdo, pero nunca nadie bajó una camilla a través del techo.

Tú pensarás que después de todo lo que este hombre había sufrido y lo que todos sus amigos habían atravesado, las primeras palabras de Jesús serían de sanidad. Sin embargo, Mateo 9:2 nos dice: «Al ver Jesús la fe de ellos, le dijo al paralítico: ¡Ánimo, hijo; tus pecados quedan perdonados!» Y también le dijo: «Levántate, toma tu camilla y vete a tu casa». Pero, que quede claro que eso lo dijo después. Primero él le dio al paralítico el regalo más importante: el perdón.

Sin embargo, la lección no se detiene ahí. Muchas veces vemos al perdón como algo vertical, que proviene de Dios, pero cuando él se refiere al perdón, también se refiere a éste de manera horizontal. Lo recibimos y debemos pasarlo. No importa cuánto nos hayan lastimado, nada se puede comparar con nuestros pecados en contra de Dios. Él nos perdona y por lo tanto, nosotros debemos perdonar a los demás. Así lo manda el Evangelio. Cuando pensamos que somos tan importantes y que el daño que sufrimos es tan grande que no necesitamos perdonar, nos hacemos mayores que Dios, quien libremente perdona a todos. Pensar que en nuestros baúles podemos guardar las ofensas hacia los demás, junto al perdón que Dios nos otorgó, es una señal de orgullo.

El orgullo, escribió Salomón, «sólo genera contiendas», pero la sabiduría, por otro lado, está «con quienes oyen consejos» (Proverbios 13:10). Somos sabios si aceptamos consejos de la Palabra de Dios y de los consejeros piadosos. Pero luchamos en contra del evangelio si elegimos no hacerlo, si seguimos nuestro propio consejo y nutrimos el pecado del orgullo. Guardamos cegadores espirituales en nuestro baúl, carga que definitivamente no necesitamos. Es demasiado tentador usar esos cegadores y engañarnos a nosotros mismos.

¿Qué es lo que no nos permiten ver? Básicamente, nuestra relación con Dios. Conozco gente que se enorgullece al pensar que tienen una estupenda vida espiritual. Dicen: «Dios y yo somos amigos, *nosotros* caminamos uno junto al otro. Pero si conocieras a mi cónyuge, a mis padres, a mis hermanos…» Los corazones de estas personas están llenos de amargura hacia los demás, pero ellos piensan que tienen un estupendo caminar con Dios. ¡Eso es imposible! 1 Juan 4:20, se refiere a esta actitud: «Si alguien afirma: "Yo amo a Dios", pero odia a su hermano, es un mentiroso; pues el que no ama a su hermano, a quien ha visto, no puede amar a Dios, a quien no ha visto».

No puedes amar a Dios, a quien no has visto, si no puedes amar a tus parientes, amigos y prójimo, a quienes sí has visto. En mi ciudad, cualquier día domingo, hay aproximadamente cincuenta mil personas que se quedan en la casa en lugar de asistir a la iglesia porque están ofendidas. Alguien en su iglesia dijo o hizo algo, o no dijo o no lo hizo, y eso le dolió y por lo tanto están amargados. «Yo amo a Dios, dicen ellos, pero no puedo lidiar con la gente de la iglesia. Me siento mejor adorando a Dios a mi manera».

Eso es un autoengaño que se ha presentado desde el principio de la historia y desde entonces sigue apareciendo. Caín y Abel fueron las dos primeras personas nacidas en la Tierra. Fueran o no gemelos, como algunos estudiosos de la Biblia creen, ciertamente no adoraban de la misma manera. Dios ya le había mostrado a esta familia lo que él requería de ellos debido a la santidad divina. Los inocentes debían morir por los culpables, y la familia de Adán lo sabía. Cuando Adán y Eva pecaron, Dios mató algunos animales y usó sus pieles para cubrirlos (yo creo que fueron ovejas, porque a Jesús se lo conoce como el Cordero de Dios). Pero cuando Caín llegó hasta Dios con una ofrenda, lo hizo a su manera. ¿Qué llevó Caín? Vegetales. Abel le llevó a Dios lo que éste había pedido: un cordero del rebaño; y eso complació a Dios.

Una manera de ver obrar al espíritu del mundo, el espíritu del malvado, es observar cómo se afana la gente para establecer su propia moralidad, decidir lo que según ellos es bueno o malo, acercarse a Dios a su manera y no como Dios manda. Caín se basó en su propio criterio en cuanto a qué ofrecer a Dios, y la Biblia dice que sus obras eran malvadas. Él desobedeció a Dios, se ofendió con Abel y, en su incontenible amargura, asesinó a su hermano. ¡Vaya acusación en contra de la raza humana! De las dos primeras personas nacidas, la una asesinó a la otra. ¡Nada bueno! Nota lo que 1 Juan 3 dice al respecto:

> Así distinguimos entre los hijos de Dios y los hijos del diablo: el que no practica la justicia no es hijo de Dios; ni tampoco lo es el que no ama a su hermano.
>
> Éste es el mensaje que han oído desde el principio: que nos amemos los unos a los otros. No seamos como Caín que, por ser del maligno, asesinó a su hermano. ¿Y por qué lo hizo? Porque sus propias obras eran malas, y las de su hermano justas.
>
> 1 JUAN 3:10-12

La Biblia dice que Caín estaba conectado al maligno, al demonio. Él era orgulloso y se auto-engañaba, estaba cegado espiritualmente. Si permitimos que la amargura entre en nuestra vida, así como lo hizo con Caín, quedaremos espiritualmente ciegos y aquel que odia a su hermano está en las tinieblas:

> El que afirma que está en la luz, pero odia a su hermano, todavía está en la oscuridad… Pero el que odia a su hermano está en la oscuridad y en ella vive, y no sabe a dónde va porque la oscuridad no lo deja ver.
>
> 1 JUAN 2:9,11

La peor clase de engaño es el auto-engaño. Con ese tipo de basura en tu baúl, pensarás que estás haciendo bien cuando en realidad estás obrando mal. Te justificas, pero la Biblia te dice que estás ciego.

El peligro de las relaciones fatales

En esta otra ocasión, era la esposa quien necesitaba que «compusieran» a su esposo. Ella me dijo que «Eric», así le llamaremos, tenía un problema con la bebida.

—Nunca llega a la casa antes de las dos de la mañana. Siempre está en el bar —me dijo—, está destruyendo nuestro matrimonio. Nuestros hijos están muy mal. Está afectando todas nuestras relaciones familiares… ¿Qué podemos *hacer*?

—Organicemos una intervención —le sugerí.

Le expliqué cómo funcionaba este tipo de confrontación.

—Alcohólicos Anónimos recomienda que reúnas a la familia y a los amigos para que le digan a él cómo la bebida afecta la vida de todos, y luego pedirle que busque ayuda.

—Está bien, haremos eso —me respondió.

Yo asistí y lo recuerdo como si fuera ayer. Eric no sabía de la reunión, por eso se sorprendió cuando nos vio a todos allí.

Lo que me sorprendió a mí fue lo que él *no* vio.

Primero su esposa le contó su dolorosa historia, luego comenzaron sus hijos. Hubo lágrimas mientras ellos hablaron del temor que les despertaba. Los asistentes, uno tras otro, hablaron acerca de cómo la bebida de Eric afectaba sus vidas. Al final, le pregunté a Eric si él comprendía que tenía un problema.

«Es posible que tenga un pequeño problema, pero *no* soy en lo *absoluto* como mi papá», respondió. Él sí era un tipejo, abusaba de mi mamá y de mí…

Continuó vociferando que su padre era así y asado. Él llevaba en su baúl toda la carga que su padre había colocado sobre él, y eso le estaba cegando en referencia a su propia situación.

Mientras lo escuchaba, pensé *Te has hecho exactamente como tu padre.*

Cuando no perdonas a la gente, formas una relación con ellos. Es posible que te conviertas exactamente en el opuesto a ellos o, que sorprendentemente, cegado por tu odio, te conviertas en lo que ellos eran.

Jesús dijo: «A quienes les perdonen sus pecados, les serán perdonados; a quienes no se los perdonen, no les serán perdonados» (Juan 20:23). Una manera de retener el pecado de otra persona es retenerlo en tu mente. Te mantienes relacionado a esa persona porque estás constantemente pensando en lo que te hizo. Cuando guardas amargura en contra de alguien, esa persona y su pecado te afectan durante el resto de tu vida.

Hace muchos años un orador invitado a nuestra iglesia ilustró este principio de manera perfecta. El orador, a quien llamaré «Bill», nos contó su intrigante historia sobre su relación casi fatal con un hombre a quien odiaba. El padre de Bill era un exitoso hombre de negocios con varios intereses en diferentes empresas. Un asesinato truncó su vida. La policía investigó el homicidio, pero no obtuvo resultado alguno. Le informaron a Bill que de lo único que estaban seguros era que el crimen lo había perpetrado un profesional.

Eso no satisfizo a Bill. Su reacción fue asumir el papel de investigador privado durante los próximos años. ¿Cuál era su caso más importante? El asesinato de su padre. Escarbó continuamente, hasta que encontró la evidencia acerca de quién estaba tras este hecho brutal. Todo apuntaba hacia uno de los socios de su padre, quien pensó que con el fin de asegurar una ventaja financiera, debía asesinar al padre de Bill. Bill descubrió quién había perpetrado el asesinato, cómo le pagaron y otros detalles vitales para el caso. Entonces presentó toda la evidencia al Fiscal del Distrito.

Una vez examinada la evidencia concienzudamente, el fiscal le dijo: «No hay duda de que este hombre mató a su padre; sin embargo, el método que usted usó para obtener esta evidencia, la hace inadmisible en la corte. No podemos ir a juicio».

Eso no fue suficiente para Bill. Nos contó cómo, desesperado y enfurecido, llegó a una conclusión: *ya que ellos no van a hacer justicia, la tomaré por mis propias manos.* Entonces comenzó a seguir al asesino de su padre. Vigilaba cada movimiento que hacía. Una vez que Bill entendió la rutina que el hombre tenía, planificó su venganza. Compró una escopeta que usa cartuchos y no deja huellas. Eligió el lugar: una plantación a unos 30 kilómetros del pueblo. Bill sabía exactamente cómo iba a suceder: todas las semanas el hombre jugaba póquer en el mismo lugar y a la misma hora. Bill iba a interceptarlo después de un juego. Luego, lo llevaría hasta la plantación y lo ataría a un árbol. Bill había memorizado lo que iba a decir y una vez que lo dijera, iba a matarlo.

Por fin llegó el día que con tanto ahínco había planificado. Bill nos contó: «Ese día yo iba a recogerlo luego de su juego de póquer para asesinarlo, pero Dios se asió de mí y me salvó».

Lo que realmente impresionó a nuestra congregación fue escuchar la siguiente declaración: «Debido a que yo no lo perdoné, me convertí en lo que él era. Él era un asesino y en mi corazón yo me había convertido en uno».

Debido a que no pudo dejar el pasado, la amargura lo llevó a vivir una de las más bajas vidas, la de un asesino. Debido a su falta de perdón, él estaba fatalmente relacionado al hombre que le hizo daño. Los pensamientos de venganza consumieron toda su vida. Había decidido vengarse, aunque esto le hubiera costado todo. Dios lo ayudó a encontrar un mejor plan y Bill pudo liberarse de la ofensa. Como el proverbio italiano dice: «Olvidar una ofensa es la mejor venganza».

«Seguir adelante con tu vida» significa sacar el veneno fuera de tu organismo y dejar atrás el pasado doloroso. *El perdón nos permite desintoxicarnos y alcanzar nuevos mañanas.* Seguir con tu vida depende de liberarte del orgullo y el autoengaño. *El perdón retira a los cegadores espirituales.* Seguir con tu vida requiere romper la fatal relación que te mantiene atado a la persona que te hizo daño. *El perdón te hace libre.*

Una vez escuché acerca de un cazador de monos que capturaba a los simios poniendo una banana dentro de una jarra encadenada a un árbol. La boca de la jarra era lo suficientemente grande para que el mono metiera su mano y alcanzara la banana; pero una vez que la sostenía en su mano, no podía sacarla por la apertura. El mono fácilmente podía escapar de convertirse en estofado, con solo *soltar* la banana. Pero el mono, tercamente, se mantenía aferrado a ella... a su propia destrucción. A menos que *soltemos* los dolorosos sucesos de nuestro pasado, no podremos liberarnos, escapar y agarrarnos de la libertad para disfrutar de la vida. Sin perdón, no podemos dejar el pasado atrás. En los capítulos siguientes, descubriremos más y más acerca de cómo el perdón es el paso más importante que podemos tomar, si en realidad queremos sacar la basura de nuestros baúles.

Descarga tu baúl

1. ¿Hay alguien en particular a quien te gustaría envenenar? No literalmente, por supuesto, sino alguien a quien tú quisieras darle lo que se merece. Esto podría indicar la presencia de veneno en tu propio baúl. Tú *puedes* dejarlo ir. Aparta tiempo para orar o incluso para escribir una corta oración de perdón y comienza a orar por esa persona diariamente. Puede parecer difícil, pero es lo mejor que puedes hacer por ti mismo.

2. ¿Alguna vez, así como Caín, has decidido formular tus reglas morales y te has acercado a Dios bajo tus términos? Invita a Dios, tal como lo dice el Salmo 139:23-24, a alcanzar tu corazón y a que te muestre cualquier ofensa de la cual no estés consciente.

3. ¿Alguna vez te han dicho que eres la copia al carbón de… o posiblemente el opuesto exacto a alguien que haya afectado negativamente tu vida? Si tú sientes que tu vida está atada de alguna forma a esa persona, has guardado una relación fatal en tu baúl. Rompe esta atadura perdonando a esa persona. Escoge liberarte de las ofensas que ésta te haya hecho. Entrégaselas a Dios y libérate tú.

3 Un baúl lleno de tormentos y problemas

Es posible que el apóstol Pedro luchó con la carga de su baúl, específicamente con la falta de perdón. Un día le preguntó a Jesús: «Señor, ¿cuántas veces tengo que perdonar a mi hermano que peca contra mí? ¿Hasta siete veces? (Mateo 18:21). Realmente Pedro creía que perdonar a su ofensor siete veces era muy generoso. Probablemente estaba pensando: *Aquí está este fulano, haciéndome lo mismo una y otra vez; y yo estoy dispuesto a perdonarle siete veces ¿No es eso asombroso, Jesús?*

Pedro esperaba que Jesús le diera una palmadita en la espalda, pero en su lugar contestó: «No te digo hasta siete veces, sino hasta setenta veces siete» (Mateo 18:22, DHH). Eso serían *cuatrocientas noventa veces*.

El espíritu de esta declaración de Jesús no sugiere que lleves una lista de cuántas veces perdonas, hasta alcanzar tu límite. Es posible que en ocasiones alcances la marca de cuatrocientos noventa. Lo que en realidad quiere decir es que no importa cuántas veces alguien nos ofenda, debemos seguir perdonando.

Jesús elaboró se respuesta todavía más a la pregunta de Pedro y contó una parábola acerca de alguien que mantenía un registro de los agravios recibidos y se negaba a marcar cualquier ofensa como «perdonada».

Cierto rey deseaba cerrar cuentas con sus siervos. Uno le debía diez mil talentos (en la actualidad es un equivalente aproximado a veinte millones de dólares), pero no podía pagarlos. El rey ordenó que él, su esposa y sus hijos vendieran todo lo que poseían para pagar la deuda. El sirviente se inclinó ante su rey y suplicó: «Tenga paciencia conmigo, y se lo pagaré todo» (Mateo 18:26). No era probable que un siervo pudiera pagar veinte millones de dólares, sin embargo, el rey «se compadeció de su siervo, le perdonó la deuda y lo dejó en libertad» (Mateo 18:27).

Inmediatamente después el siervo se cruzó con un sujeto que le debía cien denarios (algo así como el salario de cien días, o de seis a diez mil dólares en la actualidad). Ahora bien, este hombre no se acercó amablemente al sujeto para pedirle el dinero, como hizo el rey con él. Sino que puso sus manos violentamente sobre este sujeto y lo agarró por la garganta, diciéndole: «¡Págame lo que me debes!» (Mateo 18:28). Cuando el hombre imploró paciencia, él lo mandó a la cárcel.

Otros siervos, que atestiguaron lo sucedido, se entristecieron y se lo contaron al rey. El rey volvió a llamar a este siervo, a quien perdonaron de esa inmensa deuda. En esta ocasión, el resultado no fue tan placentero. El rey le increpó: «¡Siervo malvado! Te perdoné toda aquella deuda porque me lo suplicaste. ¿No debías tú también haberte compadecido de tu compañero, así como yo me compadecí de ti?» (Mateo 28:32-33). Entonces, mandó que torturaran al siervo hasta que pagase todo lo que debía. «Así también mi Padre celestial los tratará a ustedes, a menos que cada uno perdone de corazón a su hermano» —concluyó Jesús (Mateo 18:35).

Nota un par de cosas en este asunto: a un hombre le perdonaron una deuda *enorme*, luego este se encontró con un siervo que le debía el salario de tres meses. Era una cantidad sustancial, pero no se parecía en nada a la deuda que el rey le perdonó. Aun así, este hombre se rehusó a perdonar al consiervo. Cuando sus amigos vieron esto, dice la Biblia que se entristecieron. El rey, al escuchar las noticias, se dirigió al siervo de la siguiente manera: «¡Siervo malvado!» No le llamó así porque robara dinero, cometiera adulterio o asesinara a alguien; sino que simplemente se negó a perdonar.

En ocasiones tú y yo etiquetamos ciertos pecados como los peores. Yo creo que los pecados espirituales son los peores ante los ojos de Dios, y que él ve la falta de perdón tan fea como cualquier otro pecado. Si alguien roba, se puede perdonar. La misma verdad se aplica al adulterio o al asesinato. Sin embargo, debemos recordar que en el versículo 35 de esta parábola Jesús dice que si nosotros no perdonamos a los demás, nuestro Padre Celestial tampoco nos perdonará. Cuando rehusamos perdonar, Dios se entristece más profundamente que con cualquier otra cosa que podamos hacer.

En el capítulo anterior vimos cuán orgulloso es tratar de guardar la falta de perdón hacia los demás junto al perdón que Dios nos concedió. Dios espera que al recibir perdón, nosotros también seamos capaces de dárselo a los demás. Ya que hemos sido perdonados, no solo es posible, sino que es fácil perdonar a los demás. Sin embargo, si nos rehusamos, debemos fijarnos en la historia del siervo malvado cuya arrogancia le trajo graves consecuencias.

Así como en la parábola el rey entregó a su siervo indigno a los torturadores, el Padre Celestial nos va entregar a los verdugos si nos negamos a perdonar. ¿Qué y quiénes son estos verdugos? Son Satanás y los poderes demoníacos. Específicamente la falta de perdón les abre la puerta para que puedan atacar nuestras vidas. Es posible que nuestras mentes estén atormentadas con terribles recuerdos. Es posible que nuestras familias desarrollen hábitos pecaminosos. Es probable que el deseo de venganza consuma cada momento que estemos despiertos.

No habrá paz mientras tengas verdugos en tu baúl. Lo mejor que puedes hacer es cerrarle la puerta de tu baúl a los torturadores al perdonar a los demás. Cuando perdonas, te rehúsas a llevar contigo el tormento.

Desarraigar el problema

El tormento no es lo único que trata de subirse a tu baúl cuando tú no perdonas. Los problemas también se unen, son como el moho, si te demoras en atacarlos, se riegan por todas partes. Visualízalos como la hierba mala, si tan pronto como ves un poco de hierba mala la arrancas de raíz, no va a ser gran cosa y más adelante te va ahorrar problemas, pero si esperas… ¿no es asombroso que la hierba mala no necesite fertilizantes? No necesitas plantarla ni regarla. El jardín puede estar muerto, *completamente* amarillo, pero en el mismo medio la hierba mala crecerá verde y alta.

Lo mismo sucede con la raíz de la amargura. Más adelante hablaremos detalladamente de estas raíces de amargura; pero por ahora es necesario identificar que el resentimiento y la falta de perdón son raíces amargas. Donde hay una raíz, la hierba mala comienza a crecer y a florecer. Si eliges perdonar en lugar de ofenderte, estás arrancando las pequeñas raíces de amargura que apenas están brotando. No son gran cosa, pero si dejas que crezcan dentro de ti, todo lo que tienes que hacer es asegurarte un rápido desarrollo. La Biblia dice que desde ese momento las raíces florecen y provocan problemas: «Asegúrense de que nadie deje de alcanzar la gracia de Dios; de que ninguna raíz amarga brote y cause dificultades y corrompa a muchos» (Hebreos 12:15).

¿Te gusta la jardinería? A Jeanie le gusta, por lo tanto, yo lo practico. Trabajamos en nuestro jardín todo el tiempo. Sembramos tomates, pimientos, calabacines y coliflor, sin embargo, la hierba mala crece por sí sola. Durante el verano la saco todas las semanas con un rastrillo y lo que el rastrillo no es capaz de sacar yo me agacho y lo arranco. Si permito que estas pequeñas hierba se arraiguen, el jardín sería una desgracia —hierba mala por todas partes— y pensaré *¡Qué velocidad! ¿De dónde salió toda esta mala hierba?* Sencillo… no fuimos diligentes. Dejamos de sacar la mala hierba cuando estaba pequeña. No somos diligentes cuando «no vemos» la floreciente mala hierba y permitimos que se tome todo el jardín. Se necesita diligencia para tener una huerta hermosa.

La Biblia dice que para tener un corazón limpio debemos emplear la misma diligencia. Debemos estar encima de esto todo el tiempo y ser cuidadosos acerca de perdonar cualquier cosa que pueda resultar ofensiva. Si no somos cuidadosos con nuestro corazón y diligentes al rehusarnos a tomar ofensas, entonces la amargura se enraizará muy profundo en nosotros.

Recuerda: donde hay una raíz, hay una planta. Es posible que requiera tiempo, pero esa raíz prenderá y crecerá. ¿Has notado cómo la hierba mala crece hacia arriba de manera diferente a como crece hacia abajo? Por eso, tus reacciones «visibles» de amargura pueden ser realmente diferentes a las raíces de la amargura. Tu puedes chismear, puedes mentir, puedes robar —nadie puede predecir la clase de mala hierba que brotará— ya que la amargura te puede hacer actuar de maneras extrañas. Cualquier cosa que hagas debido a la amargura será fea porque proviene de una raíz fea. No puedes retener la amargura en tu corazón y estar libre de problemas.

La gente que no perdona piensa: *¡Tengo esto en contra de tal o cual y le va doler!* No le va a doler a esa persona tanto como te va a doler a ti. El noventa por ciento de la gente con la que estás resentida ni siquiera lo sabe. Ellos están viviendo su vida muy felices y tú te pasas pensando: *Ay, se supone que ellos deben estar sufriendo… entonces, ¿por qué soy yo quien se siente miserable?* Porque al permitir que la amargura crezca en ti, te estás lastimando a ti mismo y no los estás lastimando a ellos.

Además, lastimas a las personas a tu alrededor que ni siquiera son el blanco de tu ira. Hebreos 12:15 dice que la raíz de la amargura provoca dificultades «y corrompe a muchos». En el capítulo anterior vimos las dolorosas súplicas de la esposa e hijos de Eric y el efecto que su ira tenía en otra gente. Como vimos en esa historia, cuando comienzas a corromperte, permites que la amargura nuble tu conciencia y te engañas. Añade a esta condición, bastante fea en sí, lo que dice Eclesiastés 7:9: «No te dejes llevar por el enojo que sólo abriga el corazón del necio». Esta es una ecuación que da como resultado problemas y dificultades. La ira en tu interior, que se origina en conflictos no resueltos, hará que actúes erráticamente y que hagas cosas que en otras circunstancias no harías.

Una raíz amarga, más la ira, más la necedad, dan como resultado problemas para ti y quienes te rodean. Esa es la situación que hay en la actualidad en los Estados Unidos. Literalmente, millones de personas caminan en las calles o conducen sus autos con una sonrisa en la cara, y si por accidente, le dices a alguno de ellos una ligereza, explotan: «¡¿Qué te pasa...?!» Y tú piensas: *¿Qué hice? ¡Cómo le hice enojar!*

No hiciste nada. Las personas así se despiertan enojadas. La noche anterior fueron enojadas a la cama. La verdad es que algunos de ellos han estado enojados durante los últimos veinte años. La ira reposa en el pecho de los necios, personas que pueden sonreír todo el tiempo de la boca para afuera, pero que están listos para explotar. Ellos creen que alguien los maltrató, es probable que así haya sido. Creen que esa persona hizo algo malo, y probablemente así fue. Y piensan: *Voy a atrapar a esta persona, va a tener lo merecido.*

La gente enojada realmente quiere una recompensa. Quieren que aquellos que los hirieron paguen por eso y los «atacan» con la falta de perdón, como si fuese un rayo láser que los hiciera pagar por su ofensa. Aunque se puede enfocar la luz, no se puede enfocar la ira. La luz enfocada puede producir una gran energía. Piensa qué sucede cuando la luz y el poder del sol están enfocados. Es probable que las mujeres nunca hayan hecho esto. Seguramente que de niña jugaste con una Barbie, pero si eres un varón, seguramente tomaste una lupa e intentaste freír unas cuantas hormigas. ¡Las pulverizaste! Yo también lo hice (nos arrepentimos, Señor). Tomamos el poder del sol, el cual estaba brillando en aquellas hormigas todo el tiempo y lo enfocamos para producir esa tremenda, y para las hormigas fatal, energía.

La gente cree que la falta de perdón se puede enfocar en esa misma forma, para provocar un terrible castigo a quienes les ofendieron. Tú y yo debemos entender que esto nunca va a suceder. La ira que reposa en tu pecho nunca se puede enfocar, siempre explota como una bomba de hidrógeno, causando daño colateral a tu alrededor. Es posible que estés furioso con tu jefe, pero ¿quién se quema? Tu esposa, tus hijos, tus amigos, tus colegas... todos los que te rodean, porque una bomba de hidrógeno es lo que tienes en tu pecho. En ocasiones, ni siquiera sabes por qué explotas cuando otros dicen o hacen algo insignificante. La ira y el resentimiento en tu corazón no permanecen adormecidos, explotan.

En Hebreos 12:15 (LBLA), dice lo siguiente: «Mirad bien de que nadie deje de alcanzar la gracia de Dios; de que ninguna raíz de amargura, brotando, cause dificultades y por ella *muchos sean contaminados*» (énfasis del autor). Cuando la ira reposa en tu pecho, contaminas tu propia vida y la vida de las personas que te rodean.

La amargura construye una horca

Si contaminamos nuestras vidas y las de las personas cercanas a nosotros, por supuesto, no tenemos gozo. Como cristianos no debemos tener caras largas, como si estuviéramos chupando limones, «soportándolo todo hasta el final»; pero así parecerá la vida si no tenemos gozo en nuestros baúles. Dios no nos dio la vida para que la soportáramos; él quería que gozáramos de la vida. Él no quiere que simplemente lleguemos al cielo, él quiere que disfrutemos el viaje.

El libro de Ester nos habla de un hombre: Amán. Él tenía todo lo que podía querer para tener una vida gozosa.

> E hizo alarde de su enorme riqueza y de sus muchos hijos, y de cómo el rey lo había honrado en todo sentido ascendiéndolo sobre los funcionarios y demás servidores del rey.
>
> —Es más —añadió Amán—, yo soy el único a quien la reina Ester invitó al banquete que le ofreció al rey. Y también me ha invitado a acompañarlo mañana.
>
> ESTER 5:11-12

Amán lo tenía todo. En la economía actual, Amán sería multimillonario. Su función de Primer Ministro, demandaba respeto. Los sirvientes del rey tenían la orden de inclinarse ante él. Todo en su vida era maravilloso. Tenía una enorme fortuna, que iba más allá de nuestros más increíbles sueños, tenía fama, influencia y una mansión con todos los juguetes disponibles de la época. Hasta tenía una gran familia, diez hijos. En el antiguo mundo del Este, se *debía* tener hijos varones. En esa cultura si tenías cinco varones, prácticamente te consideraban un rey. Yo tengo tres hijos y una hija y los amo a todos. Los hijos son maravillosos, pero ellos siempre compiten contigo. Apenas tienen dos años y ya te quieren vencer. Quieren ser más rápidos, más fuertes y mejores que tú. Mi hija simplemente me ama. Esa es una razón por la que las hijas también son maravillosas, simplemente te aman. Amán tenía diez fuertes hijos para mantenerlo alerta, junto con todo lo demás que el mundo le ofrecía. Sin embargo, era miserable. Consumido por la ira y la venganza, no podía gozar de nada. Amán odiaba a Mardoqueo, ¿por qué? «Cuando Amán se dio cuenta de que Mardoqueo no se arrodillaba ante él ni le rendía homenaje, se enfureció» (Ester 3:5). Una enorme raíz de amargura se posó en el corazón de Amán, contaminándolo todo. Después de haber enumerado todas sus posesiones y privilegios, le dijo a su esposa y amigos: «Pero todo esto no significa nada para mí, mientras vea a ese judío Mardoqueo sentado a la puerta del rey» (Ester 5:13).

Lo que no le sirvió de nada al final fue su amargura. Amán conspiró para asesinar a Mardoqueo y no solo a Mardoqueo, sino a *todos* los judíos. Él construyó una horca para Mardoqueo e hizo planes para asegurarse de que todos los judíos pagaran terriblemente por las ofensas que, según él, había tenido que soportar. Se descubrió la conspiración y la reina Ester se la expuso al rey. Colgaron a Amán en la horca que construyó para el hombre con quien estaba resentido. Inmediatamente después asesinaron y colgaron en esa misma horca a los diez hijos de Amán. Sus vidas se perdieron como resultado del odio que su padre sentía por Mardoqueo.

Amán no podía disfrutar su vida, y por ello, tampoco los que le rodeaban. Su raíz de amargura se esparció y dañó a muchos. Envenenó muchas vidas. Se llevó muchas vidas.

No podemos permitir que la amargura crezca, o no disfrutaremos de la vida. No disfrutaremos de nuestras familias, ni de nuestros amigos, ni de nuestras carreras, ni de los beneficios que

Dios nos ha dado. Necesitamos eliminar cada pedacito de amargura *antes* de que echen raíces, florezcan y provoquen tormentos y problemas para nosotros y para quienes nos rodean.

Descarga tu baúl

1. ¿Qué límites has alcanzado últimamente? ¿Has hecho declaraciones como las siguientes: «Es la última vez que soporto esto», «Esta persona realmente me exaspera», «No le daría a esta persona ni la hora, aunque fuera el último ser sobre la tierra»? ¿Qué persona o situación hizo que llegaras a tu límite? Ora por esa persona y entrega la justicia al Señor. No necesitas hacerte cargo de ella. Permite que el Señor determine el número de veces que perdonarás.

2. ¿Hay algo que te provoque angustia mental cada vez que lo recuerdas? ¿Qué recuerdo tormentoso o deseo de venganza ocupa espacio en tu baúl? Busca en tu corazón la falta de perdón que mantiene abierta la puerta de tu mente a los ataques y angustia. Si te rehúsas a llevar contigo la falta de perdón, los verdugos tendrán que encontrar otro lugar.

3. ¿Alguna vez has estado cerca de alguien cuya ira explotó como una bomba y quemó a todos los que estaban a su alcance? Es probable que la ira de esa persona tuviera un blanco determinado, pero tú sufriste como parte del daño colateral. ¿Estás esperando dejar caer una bomba de ira sobre alguien? ¿Cómo podría tu ira afectar a la gente más cercana a ti, aunque no sean el blanco de tu disgusto? Detén el daño colateral que estás causando. Practica un desyerbe espiritual y perdona a la persona que te haya ofendido.

4. ¿Puedes recordar alguna situación en la que viste a alguien construir su propia horca como lo hizo Amán, conspirando y planificando una venganza contra alguien para únicamente conseguir que se revirtiera sobre sí misma y de la peor manera posible? Proverbios 5:22 advierte: «Al malvado lo atrapan sus malas obras; las cuerdas de su pecado lo aprisionan». ¿Puedes recordar una situación en la cual sentiste amargu-

ra hacia alguien y te fue difícil perdonar, pero lo hiciste y evitaste caer en la trampa de construir tu propia horca? ¿De qué manera el perdón aumenta tu gozo por la vida y tu paz? ¿Puedes pensar en otras situaciones donde el perdón de tu parte te ayudó a poner gozo en tu baúl?

4 Entiérrame bajo el sicómoro

«N**o** puedo perdonar. Todavía no». He escuchado a mucha gente decir esto. Finalmente planifican perdonar, pero tienen alguna excusa. No sienten que la persona se lo merezca o piensan que en el futuro será más fácil si primero lo dejan hervir durante un tiempo. O consideran que no necesitan perdonar hasta que la persona se haya disculpado. En Marcos 11:25, Jesús da claras instrucciones de cuándo debemos perdonar:

> Y cuando estén orando, si tienen algo contra alguien, perdónenlo, para que también su Padre que está en el cielo les perdone a ustedes sus pecados.

Él dijo que *cada vez* que oremos debemos perdonar. ¿Cuán a menudo piensas que Jesús desea que oremos? ¿Semanalmente? ¿Mensualmente? ¿En días festivos? Cuando Jesús enseñó a los discípulos a orar, les dijo: «Cuando oren, digan … danos cada día nuestro pan cotidiano» (Lucas 11:2-3). Eso suena a que por lo menos debemos orar una vez al día. En otra ocasión, él dijo: «Estén alerta y oren para que no caigan en tentación» (Mateo 26:41). Dudo que alguno de nosotros pueda pasar un día sin algún tipo de tentación: engañar, ser impaciente, chismosear, ser grosero, perder los estribos. Jesús espera que oremos diariamente y con frecuencia, y que *cuando* oremos, perdonemos.

«Puedo perdonar a todos, pero no a…» Jesús también dio claras instrucciones sobre eso. Él dijo: «Si tienen *algo* contra *alguien*». No lo dijo por ser duro con nosotros, sino para darnos una vida mejor. Jesús espera que perdonemos diligentemente, no solo a ciertas personas en ciertas ocasiones, sino a todos y en cada ocasión que oremos, cada día.

Las consecuencias de no perdonar diligentemente son enormes. Fíjate en el siguiente versículo: «Pero si vosotros no perdonáis, tampoco vuestro Padre que está en los cielos perdonará vuestras transgresiones» (Marcos 11:26, LBLA). Rehusarse a perdonar a otros *no vale la pena*.

Hemos explorado varias consecuencias por la falta de perdón: cómo abre la puerta a los tormentos demoníacos, cómo nace la amargura de un comportamiento *feo*, cómo se destruye nuestro gozo. Cuando no perdonamos a otros, nos negamos el regalo del perdón. Nada podría ser más terrible.

Pero también perdemos algo más: nuestra habilidad de ejercer nuestra fe. En Marcos 11:23-24, un poco antes de los versículos sobre el perdón, Jesús dio la más clara y concisa enseñanza sobre la fe que podrás encontrar en la Biblia:

> Les aseguro que si alguno le dice a este monte: "Quítate de ahí y tírate al mar", creyendo, sin abrigar la menor duda de que lo que dice sucederá, lo obtendrá. Por eso les digo: Crean que ya han recibido todo lo que estén pidiendo en oración, y lo obtendrán.

Después, en los versículos 25 y 26, parece que de inmediato Jesús cambia la marcha y habla sobre la falta de perdón. ¿Por qué él se refiere a la falta de perdón inmediatamente después de su más importante enseñanza sobre la fe? Yo pienso que la falta de perdón es el estorbo número uno a la fe. Jesús realmente no cambió de parecer, la fe no funcionará con la falta de perdón en nuestros corazones.

Los discípulos reconocieron esto. En Lucas 17, tan pronto como Jesús les dijo que debían perdonar hasta setenta veces siete, hicieron un pedido: «¡Aumenta nuestra fe!» (Lucas 17:5). El perdón no es un sentimiento, es una decisión. Ellos sabían que tenían que perdonar por fe.

Usualmente pensamos que la respuesta de Jesús a este pedido es otra de sus más importantes enseñanzas sobre la fe —y así es—. Veamos qué más dice él en el versículo 6: «Si tuvierais fe como un grano de mostaza, diríais a este sicómoro: "Desarráigate y plántate en el mar." Y os obedecería» (Lucas 17:6 LBLA).

Nota que Jesús mencionó un árbol de sicómoro, el cual yo creo que eligió para su ilustración debido a sus características. Aunque Jesús estaba hablando de la fe, las cualidades del árbol de sicómoro lo hacen un perfecto ejemplo para ilustrar el perdón o la falta del mismo.

En el resto del capítulo nos fijaremos más atentamente en las características del sicómoro: su taza de crecimiento, el uso de su madera, su clima apropiado, el desarrollo de sus raíces, el fruto que produce y su método de polinización. Pero para empezar, piensa en el sicómoro como si fuese una ofensa que necesitas perdonar. Si le dices a esa ofensa, «*desarráigate* y plántate en el mar» (énfasis del autor), le dices a una raíz amarga que se vaya al mar del perdón antes de que prenda y cause serios problemas. Perdonaste a tu hermano y así evitaste almacenar amargura en tu baúl. Asimismo, tu Padre Celestial te perdonará, enviando tus pecados al mar del olvido y no manteniéndolos en tu contra.

Ahora, imagina que el sicómoro representa una ofensa que te rehúsas a perdonar. Esta vez, las características del sicómoro ilustran lo que sucede cuando dejas que una raíz amarga prenda. Esto es una advertencia en contra del cultivo de la falta de perdón.

Sembrar tu propio ataúd

El árbol de sicómoro crece rápidamente. Por esta razón en Egipto y en el Medio Oriente su madera era la preferida para construir féretros. Yo creo que por la misma razón Jesús usó el sicómoro como un ejemplo para la falta de perdón, debido a su rápido crecimiento. Debemos reconocer que una raíz amarga crece rápidamente, tal como el árbol de sicómoro. No debemos permitir que la amargura se desarrolle ni durante un solo día.

Efesios 4:26-27 advierte: «Si se enojan, no pequen. No dejen que el sol se ponga estando aún enojados, ni den cabida al diablo». Si permitimos que el sol se oculte, si dejamos que pase *un solo día*, le damos a Satanás un punto de apoyo. En 1 Samuel 18, los israelitas estaban regresando de la victoria sobre los filisteos. David había matado a Goliat, y Saúl estaba celoso de David porque las mujeres daban la bienvenida al ejército cantando: «Saúl destruyó a un ejército, ¡pero David aniquiló a diez!» (1 Samuel 18:7). Saúl se ofendió por ello y a partir de ahí, «empezó a mirar a David con recelo» (1 Samuel 18:9). Saúl no sacó la raíz de su resentimiento inmediatamente; y fíjate que la Escritura dice que al día siguiente, un espíritu maligno se metió en Saúl (1 Samuel 18:10). Solo le tomó *un solo día*.

Además de crecer rápidamente, el sicómoro crecerá en cualquier ambiente. Lo mismo sucede con la raíz amarga. No importa si eres iletrado o si tienes dos títulos posgrados, ni tu nivel social, ni tu contexto étnico, ni tu vida familiar. La amargura crecerá en cualquier persona, de cualquier edad, en cualquier país, y sus efectos son devastadores.

Resulta interesante saber que el clima *preferido* del sicómoro es el seco. Eso es indudablemente cierto al referirnos a la amargura creciendo en nuestra vida. Mientras más seco estés espiritualmente y más alejado de Dios, más probable será que crezca la amargura. Cuando no estás buscando a Dios, ni adorando, ni vas a la iglesia, ni te arrepientes, ni tienes gozo, ni oras, ni perdonas a otros de corazón cada día —cuando estás seco espiritualmente—, la amargura crecerá incluso más rápido. Establece un ciclo continuo bajo el cual te moverás: mientras más rápido crece la amargura, más seco te vuelves espiritualmente; y mientras más seco estés espiritualmente, más rápido crecerá la amargura.

Billy Joe Daugherty, en su libro *When Life Throws You a Curve*, (publicado por Albury Publishers en 1998), hace una fascinante observación: «Es muy difícil que una persona joven se involucre en actos de inmoralidad, drogadicción o alcoholismo si no tiene amargura en su corazón. ¿Por qué? Porque la amargura es como el SIDA. Mientras el SIDA destruye el sistema inmunológico físico, la amargura destruye el sistema inmunológico espiritual».

Si contraes SIDA, a menos que Dios intervenga, tarde o temprano morirás. Es un virus y es difícil —si no imposible— curar un virus. Es mucho mejor no contraer el virus en primera instancia. Asimismo, la amargura es un virus espiritual y destruirá tu sistema inmunológico espiritual. Si escoges la amargura, a menos que perdones por fe y dejes que Dios trabaje en tu corazón, tarde o temprano te matará espiritualmente. Tal como se usaba la madera del sicómoro, de muy rápido crecimiento, para construir un ataúd en el cual enterrar a alguien, la muy rápida raíz de la amargura —SIDA espiritual— proveerá todo lo que se necesita para enterrarte espiritualmente. No tomará demasiado tiempo.

Regresa a tus raíces

La estructura de la raíz del árbol de sicómoro es muy grande y profunda; por lo tanto es difícil matarla. Tú puedes talar un árbol de sicómoro, llevarte toda la madera y regresar uno o dos años más tarde para encontrar que el tronco que dejaste en el suelo está literalmente creciendo frondosamente. El árbol de sicómoro casi siempre retoña, a menos que te deshagas de la raíz.

Es posible que Jesús estaba pensando en esto cuando habló acerca de dar un buen fruto: «Es más, el hacha ya está puesta a la raíz de los árboles, y todo árbol que no produzca buen fruto será cortado y arrojado al fuego» (Lucas 3:9). Si has permitido que la amargura crezca, poner el hacha en la raíz de tu falta de perdón puede llevar más de un paso. ¿Alguna vez has admitido, «pensé que lo había perdonado, pero cuando le volví a ver seis meses más tarde, quería matarlo» o, «pensé que me había ocupado de esto, no puedo creer el resentimiento que floreció en cuanto lo vi?» ¿Qué pasó? Perdonaste por fe, pero tus sentimientos no siguieron a la fe. El resentimiento todavía estaba en tu baúl.

Pero tú también puedes cortar la raíz y estar libre de estos sentimientos. Es cuestión de perseverar hasta que termines.

Ahora bien, esto tal vez parezca como «trabajo», pero usar

las herramientas correctas hará la diferencia. El verano pasado Jeanie me pidió que sacara un tronco de raíz. Yo sabía que mi tarea sería mucho más fácil si usaba la herramienta correcta... un hacha afilada. También sabía que un golpe del hacha no sería suficiente. Me ocupé de que el primer golpe fuera eficaz: el hacha cortó profundamente una raíz, pero ese primer golpe no fue suficiente para retirar el tronco. Gracias a que tenía la herramienta correcta, cada golpe siguiente fue efectivo. Continué golpeando hasta sacar todas las raíces y asegurarme de que ese terco tronco ya no tendría ninguna conexión con el suelo. Después de un buen rato, le mostré a mi esposa cuán limpio había quedado el jardín sin ese tronco aferrado a él.

Perdonar por fe es el paso inicial que tomas en tu corazón, tal como el primer golpe del hacha, pero no es el paso final. La fe sin obras está muerta. Cuando recibes al Señor por fe, lo vives cada día. Trabajas en ello. La misma cosa se aplica al perdonar a alguien. Tomas la decisión de perdonar por fe, pero todavía necesitas hacer algo más. Necesitas avanzar agregando obras a tu fe. Algunas obras son beneficiosas, son las herramientas correctas, pero otras no la son. Veamos.

Confrontar a tu ofensor

En ocasiones, cuando las personas perdonan, tratan de añadir obras que simplemente no funcionan. Creen que deben limpiar las cuentas al confrontar a los ofensores en detalle: «Hiciste esto, aquello y lo otro. Te hubiera estrangulado, pero ahora te perdono». A menudo, el ofensor no tiene ni idea de lo que hizo, por eso el encuentro lo sorprende.

Así me sucedió en una ocasión en que estábamos en Guadalajara, Méjico. Estaba enseñando en una escuela bíblica y mis enseñanzas sobre la fe y la sanidad eran diferentes a lo que habían aprendido antes. Admito que hundí algunos botes religiosos y pateé algunas vacas sagradas, aunque en ese momento no me di cuenta de cuántos estragos estaba causando.

En un servicio, un predicador que estaba de visita dijo que si una persona tenía algo en contra de alguien, debía decírselo inmediatamente. Yo estaba parado enfrente y antes de que pudiera parpadear, tenía una línea de unas veinte personas frente a mí, para decirme cómo yo les había ofendido. La primera persona comenzó así: «No estoy de acuerdo con lo que usted piensa que la Biblia dice sobre tal o cual cosa. Estoy muy enojada, pero le perdono». El siguiente y todos los demás continuaron de igual manera. Yo no tenía ni idea de que había ofendido a alguien de esa forma. Yo pensaba que simplemente estaba predicando la Palabra. Me sorprendió completamente. Esa no es la clase de obras que la fe hace cuando perdona.

Mateo 18:15 dice que debemos hablar con aquellos que nos ofenden, pero la motivación debe ser el amor, ganar de nuevo a un hermano o hermana. No dice que debas verter toda tu ira, heridas o malos entendidos en alguien que te ofendió. De hecho, es posible que descubras que eres capaz de arreglar las cosas con tu corazón y obtener la paz de Dios, sin acercarte a esa persona en lo absoluto. Debes buscar la guía de Dios y obrar únicamente como él te indique.

La Biblia dice que si recuerdas que tu hermano tiene algo *en contra tuya*, dejes tu ofrenda en el altar y vayas ante él y te reconcilies (ver Mateo 5:23-24). En otras palabras, *si alguien te ha ofendido*, acércate a ese hermano o hermana en amor, con el fin de reconciliarte. Asimismo, en amor, *si tú has ofendido a alguien*, acércate a él o a ella, con el fin de limpiar la ofensa. Recuerda tratar a la persona —especialmente a aquella que te ha ofendido a ti— de la misma manera que te gustaría ser tratado.

Ora por quien te ofendió

¿Qué debes hacer? Cuando perdonas por fe, tienes que dedicar empeño y energía para orar por la persona que te ofendió.

Es posible que te preguntes: *¿Puedo orar para que tenga un accidente? ¿Puedo orar para que caiga en bancarrota? ¿Qué tal si un tornado arrasa su casa?* En una palabra, no. Ora por la bendición de Dios para su vida. Ora para que se haga la voluntad de Dios en esta persona. Ora para que Dios le dé el espíritu de sabiduría y revelación en el conocimiento de Dios (ver Efesios 1:17). Si la persona no es salva, ora para que Dios envíe gente que obre en su vida para que sienta la necesidad de arrepentirse y abrir su corazón al evangelio. Pide en el nombre de Jesús que el demonio no ciegue sus ojos. Ora por esta persona diariamente y habla bien de él o ella todos los días. Cubre el pecado de la persona, manteniéndolo para ti y no divulgándolo. ¿Durante cuánto tiempo debes trabajar en el perdón? Hasta que tu resentimiento se haya ido.

Algo sobrenatural sucede en ese tipo de oración. Cuando oras a Dios, tu corazón se vuelve a él. Cuando oras por alguien a quien perdonaste, tu corazón se vuelve a esa persona. Romanos 5:5 dice: «pues ya se nos ha dado el Espíritu Santo, y por él el amor de Dios se va derramando en nuestros corazones». Continúa orando por esa persona y el amor derramado en tu corazón por el Espíritu Santo comenzará a crecer. Es posible que tome tres días, tres semanas o tres años; pero cuando de repente te encuentres con esa persona, en lugar de sentir resentimiento e ira, sentirás compasión y amor. Un milagro de restauración sanadora ha ocurrido dentro de ti. Puedes regocijarte en las cosas buenas que le sucedan a esta persona. Te liberaste de los abrasadores efectos de la falta de perdón. Si cualquier resentimiento regresa, sencillamente comienza a orar otra vez. Cada vez que lo haces, le clavas un hacha a cualquier raíz de amargura.

¿Te das cuenta cuán vital es llevar a la práctica el perdón que se ofrece por fe? No solo perdonas por fe, comienzas a *bendecir* por fe a quienes te ofendieron y a orar por ellos por fe. Toma más tiempo y energía deshacerse de las raíces del sicómoro, que lo que toma talar el árbol, pero el resultado final es un claro y bonito espacio donde antes creció el sicómoro. Asimismo, toma más tiempo sacar la raíz de la amargura que has permitido crecer, que el que toma perdonar una ofensa de manera inmediata; pero tú lo puedes hacer. Y el resultado final será un claro y bonito espacio en tu corazón, donde antes creció la amargura.

El aguijón del fruto amargo

El fruto del árbol de sicómoro se parece al fruto de una higuera. Si no has probado higos directamente de un árbol, ¡te has perdido de algo bueno en la vida! Toma un higo fresco del árbol, ábrelo y sabrás que no hay nada como eso ¡Es increíble! El fruto del sicómoro se parece al higo, pero si lo comes, vas a querer escupirlo inmediatamente. En realidad la gente pobre en la época bíblica compraba el fruto del sicómoro como un sustituto de los higos, pero no podían comerlo ni disfrutarlo como si fueran higos. Tenían que comerlo pedacito por pedacito, debido a lo amargo que era.

Si comienzas a comer el fruto de tu amargura, tampoco lo disfrutarás. Te llevará a una bancarrota espiritual y terminarás comprando sustitutos: una maldición en lugar de una bendición, depresión en lugar de gozo, tormento en lugar de paz, una mentalidad negativa en vez de una actitud positiva, una fe muerta en lugar de una fe viva y activa... el fruto del sicómoro en lugar de los higos.

Por lo menos tendrás alguna compañía en tu miseria. Las avispas te rodearán. Las avispas son vitales para la reproducción del árbol de sicómoro. Ellas polinizan el árbol. Un sicómoro es incapaz de reproducirse sin su ayuda. Una avispa debe clavar su aguijón en el corazón del fruto del sicómoro para iniciar la polinización. Yo creo que una avispa es comparable al demonio. Si produces el fruto amargo de la falta de perdón, el demonio y sus hordas demoníacas te rodearán para clavar su aguijón en él. Así como las avispas penetran profundamente con su aguijón en medio del fruto del sicómoro, el demonio penetra profundamente en tu vida con su aguijón. Él podría atacar tus finanzas, tu familia o tu salud. Es posible que ataque tu mente o tus emociones. El demonio te picará en una multitud de lugares y quien te ofendió, ni siquiera tiene dolor, a quien le duele es a ti.

Alguien y algo

A Satanás le gustaría construir un ataúd en el cual entierres tu vida espiritual y lo hará si tú permites que la raíz de la amargura, que provoca la falta de perdón, permanezca dentro de tu baúl. Es como darle madera y clavos. De hecho, él está esperando que tú proveas los materiales: una raíz de amargura que haya crecido rápida y profundamente, pobreza de espíritu que te lleve a la bancarrota para que no puedas resistir, y algunos frutos amargos en los cuales pueda clavar su aguijón para que se reproduzcan. Por eso es tan importante que, cuando ores, de manera diligente uses tu fe para perdonar a alguien por algo que te haya hecho y que continúes trabajando en ese perdón basado en la oración.

Jesús utilizó esas dos palabras, *alguien* y *algo*, en Marcos 11:25: «Y cuando se pongan de pie para orar, si tienen algo contra alguien, perdónenlo». ¿Qué significa *algo*? ¿Realmente Jesús quiso decir *algo* sin importar lo que fuera? ¿Qué si alguien te calumnió o te criticó? ¿Qué si alguien se te atravesó en la autopista? ¿Eso también está incluido en el concepto *algo*? ¿Qué hay del abuso verbal, físico o incluso sexual?

Algo significa todo.

¿Y qué hay con la palabra *alguien*? ¿Realmente Jesús quiso decir *alguien* sin importar quién? Cuando un dependiente de un almacén al que no has conocido antes es grosero contigo, puedes perdonarle rápida y fácilmente. Pero, ¿cómo sería si fuera tu padre el que te maltrató? ¿La palabra *alguien* lo incluye a él también? Tu esposa te dejó por otra persona ¿Está incluida como *alguien*?

Alguien incluye a todos.

No importa quién te lo hizo o qué te hicieron, Jesús dice que tú y yo, mientras oremos, podemos perdonar. Orar toma solo cinco minutos. En cinco minutos tú puedes perdonar por fe y en oración debes seguir trabajando en eso mismo.

Perdonar no significa que el mal que alguien te hizo se convierta en algo bueno y no significa que debas quedarte en una situación que amenace tu vida en nombre del perdón ¡En lo absoluto! Busca ayuda para ti o aquellos que estén en peligro físico, mental o emocional. Nuestro punto es que, una vez que sabes cuánto perdón tiene Dios para ti, aprendes a caminar en la libertad de perdonar a otros y liberarlos. No oras por la venganza, sino para que *Dios los bendiga*.

Cuando perdonamos, nos *liberamos*. Por alguna razón tenemos la idea de que cuando perdonamos, estamos haciendo algo maravilloso por la persona a quien perdonamos; y sí *estamos* haciendo algo por quienes perdonamos. Pero en realidad, perdonar a otros es lo mejor que podemos hacer por nosotros mismos. Podemos perdonar a alguien por algo que nos haya hecho mientras oramos, y mientras lo hacemos, abrimos la puerta de nuestro baúl y sacamos fuera la amargura. También, clavamos un hacha a aquellos materiales que Satanás quiere cosechar para nuestros ataúdes espirituales; se los quitamos de las manos y los sacamos fuera de nuestras cajuelas, dejando un claro y bonito espacio en nuestros corazones, que podemos llenar con tesoros como la paz.

Descarga tu baúl

1. ¿En qué clase de clima estás cultivando tu fruto espiritual? ¿Eres como «el árbol plantado a la orilla de un río que, cuando llega su tiempo, da fruto (Salmos 1:3)? ¿O eres un lugar seco, donde es más probable que crezca un árbol de sicómoro, cargado de fruto amargo y donde las avispas viven? Es posible que te sientas sin fruto, muerto por dentro. Si Satanás te ha enterrado espiritualmente en un ataúd que tú mismo construiste, eso no tiene que ser el fin. Jesús se levantó de la tumba y él te levantará a ti también. Abandona tu clima árido, invocando a Jesús para que te ayude. Clava el hacha en cualquier raíz de amargura, perdonando a aquellos que te han ofendido, sin importar quiénes son o qué te hicieron. De esa forma podrás aplastar a las avispas con tus pies.

2. ¿Alguna vez hiciste el esfuerzo de perdonar a alguien por fe, pero el resentimiento continúa regresando? Es posible

hayas sacado la mala hierba de la falta de perdón que aparecía en la superficie, pero te faltó excavar más profundo en busca de las raíces. La amargura continúa regresando y sus raíces creciendo. Limpia tu baúl del resentimiento basándote en tu fe. No importa cuánto tiempo tome, ora diariamente por la persona que te ofendió, hasta que tu resentimiento desaparezca.

3. Las investigaciones muestran que se necesitan veintiún días para formar un hábito. Elabora una nota recordatoria que diga: «¿Tengo *algo* en contra de *alguien* en el día de hoy? ¿Necesito arrancar de raíz cualquier falta de perdón de mi corazón? ¿He orado por la gente a quienes encuentro más difícil perdonar? Señor, perdóname como yo he perdonado a otros en el día de hoy». Coloca la nota en un lugar en el que puedas verla durante los próximos veintiún días. Y cuando ores, toma en cuenta ese recordatorio. Sacar las raíces de amargura pronto se convertirá en un hábito diario.

5 El efecto cegador de la amargura

Cuando ves la vida a través de las heridas y la ira, estás cegado a lo que realmente es importante. La amargura te mantiene enfocado en «asuntos» que te irritan y como resultado, no puedes ver la situación con claridad. Tienes una imagen falsa de la realidad. Los efectos son cegadores.

La amargura causa pérdida de juicio

Everardus Bogardus (sí, ese era su verdadero nombre) estaba muy involucrado en la temprana historia de la ciudad de Nueva York. Originalmente esta ciudad era una colonia de pioneros holandeses llamada *Nieuw Amsterdam* [Nueva Amsterdam]. Él llegó en abril de 1633 para ser el pastor de la congregación. De algunos de los recuentos históricos, e histéricos, que hemos leído, sabemos que él debió haber sido muy enérgico, del tipo que te dice todo en tu cara. Adondequiera que iba desplumaba a todos los individuos que confrontaba, tanto de su congregación, como de la colonia. También se expresaba libre y frecuentemente contra la explotación de los indios, dinero mal habido, avaricia y otros excesos en el gobierno de la colonia. Pienso que pudo haber utilizado ese libro de Dale Carnegie, llamado «Cómo ganar amigos e influenciar sobre las personas», o debió haber utilizado la verdad de Proverbios 15:1: «La respuesta amable calma el enojo, pero la agresiva echa leña al fuego».

Lo que a Bogardus le faltaba era tacto, sin embargo, trabajó con celo. Desde el púlpito denunció duramente al Director General de New Netherland, William Kieft, por gobernar mal a la colonia. Sacaron de la iglesia a Kieft y a sus asistentes y en represalia, Kieft hizo resonar los tambores y descargar cañones fuera de la iglesia, mientras Bogardus estaba predicando. Kieft también acusó al ministro de deshonrar el púlpito y lo sometió a juicio por incitar el disturbio y la rebelión.

Los sentimientos malsanos, la retaliación y los rumores que provocaron sus diferencias, mantuvieron a estos dos hombres bastante ocupados cargando sus «baúles» con mucha basura, durante su estadía en *Nieuw Amsterdam*. Eventualmente, abordaron el mismo barco en dirección a Holanda y su antagonismo continuó a bordo. Las fuentes sugieren que Bogardus, arriesgándolo todo, decidió presentar su caso en contra de Kieft ante un alto oficial en su patria. Kieft estaba regresando al hogar con una fortuna mal habida, la cual obtuvo de la colonia. La amargura de ambos los alejó de su familia y de quienes amaban, y creció hasta que literalmente los consumió a los dos. Ambos hombres perecieron cuando el barco se hundió frente a la costa de Gales.

La amargura no se queda inmóvil, crece hasta que ensombrece tu vida. Sus efectos colaterales son cegadores y pueden costarte tu buen juicio. Estos hombres lucharon hasta las últimas consecuencias para probar que el otro estaba equivocado, pero nunca pusieron un pie en la corte. La amargura es mortal.

La amargura mina la inteligencia y la posición

Absalón y Ajitofel fueron otros dos que dieron sus vidas a la amargura y sufrieron los efectos cegadores de ésta. En su caso, perdieron la inteligencia y la posición.

Absalón era uno de los hijos del rey David y trató de tomar el trono de su padre. ¿Qué causó su rebelión? La amargura hacia David. Tamar, la hermosa hermana de Absalón, fue violada por Amnón, su medio hermano. Aunque su padre, David, lo supo y estaba furioso, no hizo nada para castigar a Amnón. La negativa de David por lidiar con esta situación en su casa, motivó que

Absalón se hiciera cargo del asunto y matara a Amnón dos años más tarde. Él justificó sus acciones basándose en lo sucedido a Tamar, pero Amnón no era el único que estaba en la mirilla de su amargura, porque Absalón también planeó matar a David.

Ajitofel era consejero del rey David y también permitió que aumentara su odio hacia él. Segunda de Samuel 16:23 dice lo siguiente: «En aquella época, recibir el consejo de Ajitofel era como oír la palabra misma de Dios...». Era brillante. Su consejo era tan sabio como el escuchar al mismo Dios hablar; pero, a pesar de su lucidez, compartía algo mortal con Absalón. Así es como se atraen los espíritus: ambos hombres estaban llenos de un odio amargo hacia David.

¿Qué sucedió en el caso de Ajitofel? La nieta de Ajitofel era Betsabé (ver 2 Samuel 11:3; 23:34). Su amarga reacción a las difíciles circunstancias que ella atravesaba, daban fe de que ella era la niña de sus ojos. Probablemente tú conoces esa historia. Betsabé se casó con Urías, uno de los treinta oficiales del ejército de David, y vivía junto al palacio. Su abuelo debe haber rebosado de orgullo. Una tarde, desde su terraza, el rey David vio a Betsabé tomando un baño y su mente dio un giro equivocado. El rey David averiguó quién era y la mandó a buscar, una decisión que condujo al adulterio, y ella quedó embarazada del rey.

Aunque lo intentó, David no pudo conseguir que el esposo de Betsabé fuera hasta la casa de ella para que la gente pensara que ese niño era resultado de su encuentro. Urías era un líder demasiado honorable para disfrutar, aunque fuera una noche, lo que sus hombres no podían en el campo de batalla y pagó su honor con la vida. David no pudo esconder el pecado mediante la visita de Urías y por eso pecó incluso más enviándole órdenes a Urías en el frente de batalla: «Pongan a Urías al frente de la batalla, donde la lucha sea más dura. Luego déjenlo solo, para que lo hieran y lo maten» (2 Samuel 11:15). El comandante Joab siguió las órdenes y Urías murió.

David atravesó penalidades muy serias, por ello se arrepintió y se volvió a Dios en busca de misericordia y perdón. El abuelo Ajitofel estaba enfurecido y se rehusó a perdonar a David. Recuerda que la Biblia dice que la amargura es una raíz. El tiempo no la sana, más bien hace que crezca. Pasó una década y la amargura de Ajitofel creció.

Ajitofel era conocido como un hombre sabio que daba consejos intachables, pero su juicio mostraba el paso de los años de la amargura. Cuando Absalón se rebeló en contra de David, el rey coronado, Ajitofel se rebeló junto con él. La rebelión es una de las peores compañeras de la amargura (trataremos esto en el siguiente capítulo). Cuando Absalón pidió consejo, el consejero le respondió:

> Yo escogería doce mil soldados, y esta misma noche saldría en busca de David. Como él debe de estar cansado y sin ánimo, lo atacaría, le haría sentir mucho miedo y pondría en fuga al resto de la gente que está con él. Pero mataría solamente al rey, y los demás se los traería a Su Majestad».
>
> 2 Samuel 17:1-3

Eso le pareció perfecto a Absalón. Solo había un problema: Ajitofel nunca había tomado una espada. Él había sido un consejero, no un soldado, pero como deseaba tanto acabar con David, le aconsejó: «*Yo* escogería… *yo* saldría… *yo* atacaría…» Yo, yo, yo. La amargura hace que la gente piense que todo se resuelve alrededor de ellos y sus frustraciones.

La Biblia dice que Ajitofel había dado un consejo sabio, incluso para su malvado plan, por lo que el Señor hizo que Absalón y sus hombres no lo siguieran (ver 2 Samuel 17:14). Los rebeldes aceptaron el consejo de otra persona y perdieron la batalla. Mientras tanto, sorprendentemente la cabeza de Absalón quedó atrapada entre las ramas de un árbol. Su mula siguió de largo y lo dejó «colgado en el aire» (2 Samuel 18:9). La amargura te puede dejar colgado en ciertas posiciones peligrosas. El comandante Joab y sus hombres encontraron a Absalón en esta poco gloriosa posición y lo remataron.

Ajitofel, disgustado con Absalón y con David, también quedó colgado de su amargura: «Ajitofel, por su parte, al ver que Absalón no había seguido su consejo, aparejó el asno y se fue a su pueblo. Cuando llegó a su casa, luego de arreglar sus asuntos, fue y se ahorcó» (2 Samuel 17:23).

El consejo, el más ingenioso de los consejos que parecía del mismo Dios, no le sirvió de nada a Ajitofel en contra de su amargura mortal. La posición de Absalón como hijo de un poderoso rey, tampoco le salvó de las letales consecuencias. La amargura socava la inteligencia y la posición.

La amargura te «entorpece»

La gente lista que se vuelve amargada cae bajo el efecto cegador de la amargura y hace cosas tontas. No importa si tienes dieciséis doctorados o si las letras que acompañan a tu nombre parecen una sopa del alfabeto. Si la amargura entra en tu baúl, la estupidez se meterá tras de ella inmediatamente. Imagina que te colocaras unas gafas que lo distorsionaran todo. Las gafas tintadas por la amargura hacen que veas imágenes torcidas y tomes decisiones erradas.

He visto que esto sucede una y otra vez en los matrimonios. Tu cónyuge hace algo que tú no perdonas. Es posible que sea una cosa muy pequeña, pero esa insignificante semilla florece y pronto la amargura distorsiona la imagen de tu cónyuge ante tus ojos. Comienzas a verle a través de lentes teñidos y dejas de pensar en las cientos de maravillosas cosas que te hicieron enamorarte de esa persona. Tu corazón se vuelve duro y se levantarán murallas que destruirán tu relación. No puedes ver a través de las murallas, por lo que perderás de vista el tesoro. Pronto estarás considerando la separación y el divorcio.

Jesús les dijo a los fariseos: «Moisés les permitió divorciarse de su esposa por lo obstinados que son… Pero no fue así desde el principio» (Mateo 19:8). En cada divorcio hay por lo menos un corazón obstinado que está involucrado, pero originalmente, el divorcio no era parte del plan de Dios.

Toma en cuenta esto antes de «entorpecerte» con la amargura y hacer cosas tontas. No hay relaciones perfectas porque no hay gente perfecta. Algún día, todos los que te rodean dirán o harán algo malo. Es posible que tu esposo haya olvidado tu aniversario… otra vez. Es posible que tu esposa haya raspado el auto al entrar por el garaje… otra vez. Eso nos sucedió a nosotros un invierno cuando vivíamos en una casa en una colina. Debido al hielo, meter el auto era muy complicado. Un día, luego de varios intentos para meter el carro en el garaje, Jeanie retrocedió por el camino para arrancar «con impulso». La primera parte estuvo bien, pero luego el carro se deslizó hacia un costado del garaje. Yo la perdoné y reparé todo. Sin embargo, una siguiente vez en que también había hielo en la calzada, ella hizo exactamente lo mismo… otra vez. Hicimos las reparaciones… otra vez (más adelante compramos una casa que no tuviera inclinación para entrar).

Podría parecer que Jeanie no «merecía» que le perdonara la segunda ocasión, por lo menos no tan pronto. Pero de yo mantener la ira hacia ella y permitir que la amargura torciera mi percepción de ella, pronto nuestro matrimonio hubiese estado contaminado. La amargura puede comenzar por uno o dos incidentes menores, pero rápidamente contamina todo tu matrimonio.

No importa con quién estés casado, puedes vivir cientos de años con él o ella y aún así fascinarte con la idea. Si perdonas, puedes enamorarte de tu cónyuge un millar de veces. «Sean bondadosos y compasivos unos con otros, y perdónense mutuamente, así como Dios los perdonó a ustedes en Cristo», es lo que nos dice Efesios 4:32. Un corazón tierno es misericordioso. Nota que la última parte del versículo nos dice que perdonemos, así como Dios lo hace. Él quita nuestros pecados y los envía lejos, tanto como está el Este del Oeste. «Yo les perdonaré su iniquidad, y nunca más me acordaré de sus pecados», nos dice Dios en Jeremías 31:34. Corrie ten Boom también añadió que nuestros pecados son «enviados al más profundo océano y se les coloca un letrero que dice *Prohibido Pescar*». Me gusta esa idea.

Un hombre fue hasta su pastor y le dijo:

—Pastor, cada vez que mi esposa y yo discutimos, ella se pone histórica.

—¿No quiere decir histérica? —corrigió el pastor.

—No, lo que quiero decir es *histórica*. Ella recuerda todo lo malo que he hecho durante los últimos veinte años.

Si te pones histórico con tu cónyuge y no perdonas, puede ocurrir una de las dos cosas siguientes: Soportarás un maltrecho e infeliz matrimonio, o ventilarás tu caso en el tribunal para divorciarte. Esas son las dos únicas opciones. Cuando veo matrimonios que terminan de esta forma, muevo mi cabeza y pienso: *¿Qué le pasa a esta gente? ¿No se dan cuenta que tienen un Lamborghini nuevo en su garaje y lo dejan a un lado para usar un Volkswagen?*

Sacrificar una relación importante en el altar de tu corazón endurecido, es una clara señal de cómo te entorpece la amargura. Sé listo, saca la amargura de tu baúl y suaviza tu corazón obedeciendo el mandamiento de Dios de perdonar.

La relación más importante de todas

Por supuesto, esto no solo sucede en las relaciones matrimoniales. El efecto cegador de la amargura opaca cada relación que tenemos, incluso la más importante.

Judas Iscariote sacrificó su más importante relación en el altar de su endurecido corazón. Él era el tesorero de Jesús, estaba a cargo de la bolsa de dinero y le tenía bien puesto el ojo a esa bolsa.

Marcos 14 nos cuenta que Jesús y sus discípulos estaban en la casa de Simón el leproso, en Betania, donde entró una mujer que llevaba un alabastro de un costoso perfume hecho de nardo puro. Ella lo derramó *todo* sobre la cabeza de Jesús. Algunos de los discípulos —particularmente Judas Iscariote—, estaban indignados. Preguntaron: «¿Para qué este desperdicio de perfume? Podía haberse vendido por muchísimo dinero para darlo a los pobres» (Marcos 14:4-5). Ellos criticaron agudamente a la mujer por «desperdiciar» más de trescientos días de salario (en la actualidad sería aproximadamente de treinta a cincuenta mil dólares).

Jesús los reprochó de la siguiente forma: «Déjenla en paz. ¿Por qué la molestan? A los pobres siempre los tendrán con ustedes y podrán ayudarlos cuando quieran; pero a mí no me van a tener siempre. Ella hizo lo que pudo. Ungió mi cuerpo de antemano, preparándolo para la sepultura» (Marcos 14:6-8). Jesús prometió que dondequiera que se escuchara el evangelio, el acto de esta mujer se contaría en memoria de lo que hizo.

«Judas Iscariote —dice la Escritura— fue a los jefes de los sacerdotes para entregarles a Jesús» (Marcos 14:10). ¿Por qué Judas traicionó a Jesús inmediatamente después de lo ocurrido en Betania? Personalmente creo que una razón fue que Judas se ofendió por el reproche público de Jesús. Además, Judas tenía otra basura en el baúl con la cual lidiar. Las Escrituras nos cuentan que él reprochó a la mujer, «no porque se interesara por los pobres sino porque era un ladrón y, como tenía a su cargo la bolsa del dinero, acostumbraba robarse lo que echaban en ella» (Juan 12:6). La basura que Judas llevaba, afectó su más importante relación: la relación con el Señor. Su amargura distorsionó la imagen que tenía de Jesús y como resultado cometió su peor equivocación... traicionar al Mesías.

Descarga tu baúl

1. ¿Alguna vez te volviste loco e hiciste algo de lo que ahora te arrepientes porque tu visión estaba alterada por la amargura? ¿Qué harías diferente si volvieras a enfrentar esa misma situación? Algunas cosas no se pueden deshacer. Bogardus y Kieft perdieron sus vidas debido a la amargura. Lo mismo sucedió con Absalón y Ajitofel. Pero no es tarde para ti ¿Hay algo que puedas hacer para redimir una decisión equivocada? Por lo menos, perdona a quienes te lastimaron y ora por aquellos que te hirieron con sus acciones.

2. Si eres infeliz en tu matrimonio, sé honesto sobre el rol que juegan tus percepciones en tu relación. Revisa mentalmente la última media docena de pensamientos que has tenido acerca de tu cónyuge. ¿Alguno de ellos incluyó algo positivo? Si

no, necesitas analizar lo que está en tu cabeza. A menos que perdones, estás en peligro de divorciarte debido al endurecimiento del corazón. La amargura nunca mejora con la falta de atención, lo que hace es crecer. No esperes otro día para educarte sobre el fortalecimiento de tu matrimonio. Existen muchos y muy buenos recursos y consejeros cristianos dispuestos a ayudarte. Dios nunca ha querido empacar el dolor del divorcio en tu baúl.

3. ¿Cuál es la condición de *tu* relación más importante? ¿Eres como la mujer que con alegría derramó el perfume en la cabeza de su Señor? ¿O tienes remordimiento porque estás herido y llevando en tu baúl la carga más pesada de todas, la amargura hacia Dios? Si es así, el capítulo diez será especialmente importante para ti. Oro, pidiéndole a Dios que te ayude a tener una imagen más clara de él, y así evitar que sacrifiques una porción de tu relación con el Señor.

La amargura atrae malas compañías

Como hemos visto, la amargura de tu baúl te induce a formar una imagen equivocada de la realidad y tener la tendencia de hacer cosas tontas. Sus efectos en ti no se detienen en este punto. En realidad, la amargura es como el árbol de sicómoro que examinamos en el capítulo cuatro, crece rápidamente y produce grandes cantidades de fruto amargo. Nutres una pequeña semilla de ofensa y, antes de darte cuenta, tu baúl estará lleno de toda clase de basura. La amargura atrae malas compañías.

La amargura nunca está sola. Invita a toda suerte de compañeros para que se unan en tu baúl. Saquemos algunos de estos peores compañeros a la luz y asegurémonos de que no estén ocupando nuestros baúles.

Espíritu de queja

Un infeliz compañero de la amargura es el espíritu de la queja. Es posible que no te des cuenta, pero la amargura te convierte en un quejumbroso. En Job 7:11, Job comentó: «la amargura en que vivo me obliga a protestar». Cuando la gente se queja y lamenta, yo creo que mucho de su comportamiento proviene de la amargura. En el mismo versículo Job dijo: «No refrenaré mi boca» (LBLA). Si conoces a algún quejumbroso, es posible que esto se aplique a él. Quejarse se convierte en un hábito continuo para mucha gente.

Yo conocí a un hombre que trabajaba para uno de los mejores empleadores de nuestra ciudad. Un día, me informó: «Voy a renunciar a mi trabajo para trabajar en otra compañía».

No me sorprendí. Cualquiera hubiera estado encantado, pero este hombre se quejaba constantemente de su trabajo. Un día decía: «Trabajamos demasiadas horas extras» y al siguiente decía: «No trabajamos horas extras». Otro día decía: «Nos hacen empezar demasiado temprano», para luego decir: «Nos hacen quedar hasta muy tarde». Una vez también lo escuché decir: «Debo parquear y caminar demasiado lejos hasta el edificio», y otro día escuché: «Mi bonificación bajó y mi jefe se compró un carro nuevo». Si yo hubiese sido su jefe, probablemente habría recortado su bonificación también, basándome solo en su actitud.

No importaba qué beneficios recibía, este hombre sencillamente no era feliz.

Tenía muchas cosas por las cuales estar agradecido, pero tenía una imagen distorsionada de su situación laboral y estaba a punto de hacer algo tonto. Yo pensé: *en seis meses estarás tan disgustado y envenenado con tu nueva compañía como lo estás ahora*. Cuando él cambió de trabajo, me di cuenta que yo estaba equivocado. Le tomó menos de seis meses comenzar a quejarse.

En ocasiones necesitamos revisar lo que está en nuestra cabeza que nos induce a endurecer nuestras actitudes. La amargura endurece nuestro corazón. Quejarse, descontrolarse y dar lata, son las cosas que salen de un corazón endurecido por la amargura.

Agotamiento emocional

¿Alguna vez has sufrido una depresión? De ser así, eres parte de la mayoría. Las estadísticas muestran que el setenta por ciento de los norteamericanos tienen que lidiar con la depresión y que, en algún momento, el treinta por ciento está clínicamente deprimido. De manera curiosa, la definición clínica de depresión es: «ira orientada hacia dentro». La ira es el resentimiento que guardamos en nuestro interior. Tú piensas que vas a enfocar tu ira en cierta dirección, como lo hablamos en el capítulo tres, pero en su lugar, la diriges hacia el interior. Recuerda que: «No te dejes llevar por el enojo que sólo abriga el corazón del necio» (Eclesiastés 7:9). Desde ahí afecta tu vida emocional.

Si albergas ira en tu corazón, estás usando tu energía emocional en el lugar incorrecto y te deprimirá. Solamente tienes una cierta cantidad de energía disponible. Físicamente solo puedes hacer un cierto número de cosas antes de sentirte agotado, luego necesitas descansar y energizarte.

La misma verdad se aplica al aspecto emocional. Solo tienes una cierta cantidad de energía emocional. Puedes usarla constructivamente para amar, apoyar, ayudar y persistir en hacer lo correcto. Luego, tus emociones necesitan descanso. Sin embargo, cuando te aferras a la amargura, te agotas rápidamente. La amargura es una emoción tensa que te desgasta y que se queda contigo las veinticuatro horas del día, los siete días de la semana. Incluso en tu «tiempo de descanso», te está desgastando constantemente; usa grandes cantidades de tu limitada reserva de energía emocional. Dejas de progresar en otros aspectos de tu vida, porque la amargura te roba entusiasmo, creatividad y la habilidad de invertir en relaciones de la manera correcta. Te puede dejar demasiado deprimido para funcionar.

¿Alguna vez has permanecido despierto mirando al techo en la noche, incapaz de conciliar el sueño porque alguien te hirió o te hizo sentir frustrado? Tienes mucha necesidad de dormir, pero se te hace imposible. No puedes hacer que tu mente descanse porque piensas una y otra vez en la ofensa recibida. No la perdonas y la dejas ir. Te despiertas vestido para el día siguiente. Estás exhausto, tanto física como emocionalmente y tienes que levantarte y enfrentar a los otros que están dentro del setenta por ciento que lidia con la depresión…

Sal de esa mayoría sacando toda la amargura fuera de tu baúl. Encuentra alivio del agotamiento emocional que produce la amargura y goza de reconfortantes y pacíficas noches de sueño.

Un toque de contienda y rumor

«Hay seis cosas que el Señor aborrece, y siete que le son detestables» (Proverbios 6:16). Como parte de esa lista, está la rivalidad entre hermanos. Este compañero de la amargura es tan injurioso que Dios lo considera abominable. Cuando murmuras acerca de una ofensa cometida en tu contra o en contra de otra persona, abres la puerta de tu baúl a la contienda. De esa manera estás incitando a los otros a colocar esta ofensa en su baúl.

Definitivamente, a veces es necesario reportar una ofensa a una autoridad. En 1 Corintios 5:1, Pablo menciona que los miembros de la familia de Cloé informaron acerca de un caso de inmoralidad sexual. Estaban en lo correcto al traérselo ante Pablo. Él tenía autoridad para manejarlo, ayudando o disciplinando a los involucrados con el fin de subsanar la situación. Sin embargo, decirles a tus amigos que alguien te lastimó, cuán miserable te sientes, cuán terrible fue esa persona, no es informar. Eso es chismosear. Tú transfieres la ofensa a tus amigos. A la siguiente semana te reconcilias con quien te ofendió, toman un café juntos, pero tus amistades quedan fuera del proceso de sanidad. Ellos todavía están enojados por la forma en la que tú sufriste. Lo que lograste fue motivar la contienda entre hermanos.

«Porque donde hay envidias y rivalidades, también hay confusión y toda clase de acciones malvadas» (Santiago 3:16). Tu baúl rebosará de basura, si permites que la rivalidad y los rumores entren en ella.

Pasión por la venganza

Un espíritu vengativo es otro compañero miserable de la amargura. A menudo, la gente amargada siente pasión por la venganza. Juzgan rápidamente a los otros, en particular a quienes los han ofendido. En Lucas 9, dos discípulos demostraron tener un espíritu vengativo. Jesús envió mensajeros con el fin de preparar al pueblo samaritano para su llegada. El pueblo no lo recibió porque su travesía estaba orientada a Jerusalén (versículos 52-53). Cuando Jacobo y Juan vieron esto, su respuesta inmediata fue: «Señor, ¿quieres que hagamos bajar fuego del cielo para que los destruya?» (versículo 54).

Existía un tremendo prejuicio entre judíos y samaritanos. Los samaritanos eran un remanente de las diez tribus que se separaron de Judá. Los judíos descendían de las dos tribus que se mantenían fieles a la Casa de David. De hecho, los judíos llamaban perros a los samaritanos, pero Jesús amaba a los samaritanos y los ministraba. La mujer en el pozo era una samaritana. En este incidente, el pueblo samaritano no quería recibir a Jesús (ellos también querían vengarse), por eso Jacobo y Juan querían castigarlos. Debido a la muy larga amargura guardada hacia los samaritanos, los discípulos rápidamente alimentaron su pasión de venganza.

Cuando estamos sedientos de venganza y queremos destruir las cosas que ocurren en la vida de alguien más, estamos operando con un espíritu incorrecto. Si para nuestros adentros deseamos que alguien se caiga del techo y se rompa una pierna, o que haya un incendio y quede en bancarrota, o que tenga problemas con sus hijos, somos como los discípulos que querían mandar fuego del cielo para destruir al pueblo samaritano. Jesús reprochó a Jacobo y a Juan, diciéndoles: «Pero Jesús se volvió a ellos y los reprendió. Luego siguieron la jornada a otra aldea» (Lucas 9:55-56). El espíritu en el que Jacobo y Juan estaban obrando, era diferente al espíritu de Dios. Jesús les estaba diciendo: «Ustedes están bajo la influencia del diablo».

El espíritu de Dios está obrando en ti cuando deseas que quienes te ofendieron se pongan a cuentas con Dios. Cuando quieres que se arrepientan y sean bendecidos. Y cuando no son salvos aún, deseas que conozcan a Jesús como su Señor y que estén llenos del espíritu. Deseas que sus matrimonios marchen bien, que prosperen y que todo salga bien en su vida. El Hijo del Hombre no vino a destruir vidas sino a salvarlas. Si esa no es tu pasión, la amargura ha creado en ti el espíritu incorrecto, un espíritu vengativo, que florecerá y motivará tus acciones.

Espíritu rebelde

Una de las peores consecuencias de la amargura es que crea rebeldía en tu interior. La Biblia ilustra esa verdad en varios versículos, pero fijémonos en Efesios 6:1-4 (énfasis del autor):

«Hijos, obedezcan en el Señor a sus padres, porque esto es justo. *"Honra a tu padre y a tu madre —que es el primer mandamiento con promesa— para que te vaya bien y disfrutes de una larga vida en la tierra."* Y *ustedes*, padres, no hagan enojar a sus hijos, sino críenlos según la disciplina e instrucción del Señor».

Fíjate en la amonestación a los padres: «No hagan enojar a sus hijos». La razón para ello es que da cabida a la rebelión. Provocar a ira a sus hijos o enojar a sus hijos es sembrar la semilla de la amargura en sus corazones. Podemos hacer esto al decir una cosa y hacer otra, si les decimos que deben decir siempre la verdad, pero luego ven que nosotros mentimos al dueño de la casa... si les reprendemos por usar un lenguaje grosero, y nos escuchan a nosotros maldecir cuando las cosas no salen a nuestra manera... si les decimos que no deben fumar mientras nosotros echamos humo como chimenea. Para un hijo es fácil disgustarse por expectativas «injustas» de un padre que demanda un cierto comportamiento que él o ella no puede desempeñar. El disgusto es una «amargura bebé».

Disgusto, resentimiento, rencor; son todas puertas abiertas a la amargura, lo cual produce rebeldía. Es el principio de una actitud de rechazo y odio. Los niños estarán enojados y resentidos contigo, y con frecuencia rechazarán lo que tú sostengas. Si eres cristiano, es posible que se rebelen rechazando tus valores cristianos.

Una manera de *no* provocar la ira de los niños es pedir perdón y enseñarles a perdonar. Como padres, podemos cometer errores. Ayudarlos con el ejemplo y las palabras que liberen los resentimientos, en lugar de almacenarlos en sus baúles, hará mucho para mantener alejada la rebeldía.

La Biblia dice que «La rebeldía es tan grave como la adivinación» (1 Samuel 15:23). Es una acción mortal. No te puedes enfocar en la rebeldía, como tampoco lo debes hacer con la ira. Hay tres aspectos de autoridad: celestial, gubernamental y paternal. Una persona no puede elegir ser rebelde solo en ciertos aspectos, la rebeldía se riega por todas partes. Si una persona se rebela en contra de sus padres, será un problema en la escuela. Si se rebela en contra de Dios, tendrá problemas obedeciendo a un oficial de la ley. La rebelión es rebelión en cualquier parte.

Dado que la rebelión es un pecado tan grave como la brujería, también deja tu vida expuesta a los ataques demoníacos. Pocas cosas abren tu vida al demonio como la brujería. Esa es una de las razones por las cuales en Hebreos 12:15 se dice que se «corrompa a muchos» cuando permiten que florezca la raíz de la amargura. Un espíritu amargo, siempre produce rebeldía y permite que Satanás contamine tu vida.

La palabra *contaminado* significa corrompido, envenenado, descompuesto. No puedes obtener algo limpio de una vasija sucia. Si pones agua limpia en una taza sucia, no importa cuán pura y cristalina sea el agua, se ensuciará. Cuando te contaminas, no importa qué más tienes dentro de ti, seguirás contaminado, y todo lo que salga de ti estará contaminado. Santiago 3:10-11 dice: «De una misma boca salen bendición y maldición. Hermanos míos, esto no debe ser así. ¿Puede acaso brotar de una misma fuente agua dulce y agua salada?» O eres una vasija limpia que produces buenas cosas, o no lo eres.

La trampa de la amargura

No permitas que la amargura eche raíces en ti y te contamine. Creará más basura en tu baúl de lo que te puedas imaginar. Te puede convertir en un quejumbroso y agotarte emocionalmente. Te puede dar un toque de contienda y rumor. Puede crear una actitud de venganza y rebeldía en ti y traer con ella a muchos otros compañeros. Aferrarte a la amargura de tu baúl, puede provocar el endurecimiento de tus actitudes, de tal forma que tu mente se convierta en concreto, todo mezclado y unido permanentemente (por lo menos hasta que la Palabra lo renueve).

La amargura te atrapará de maneras que no puedes prever y será más difícil liberarse de sus compañeros de lo que te puedas imaginar. Con frecuencia le digo a mi iglesia algo que le escuché decir a John Osteen hace años: «El pecado te llevará más lejos de lo que quieres ir, te mantendrá más tiempo del que planeaste quedarte y te costará más de lo que te has preparado a pagar». En esa oración puedes sustituir la palabra *amargura* por la palabra *pecado*, porque son lo mismo y el resultado es el mismo.

Descarga tu baúl

1. ¿Cuántos días a la semana te sientes emocionalmente exhausto? ¿Estás interpretando la película *Mira cómo me han lastimado* en tu mente antes de dormir? Intenta algo nuevo. Al acostarte, ora por quienes te ofendieron: «Señor, por fe yo les perdono. Señor, llénales de las bendiciones que pido para mi propia vida. Concédeles arrepentimiento y sálvalos». Luego intenta lo que sugiere el Salmo 63:6: «En mi lecho me acuerdo de ti...» Quédate dormido pensando en tu versículo favorito de la Biblia y fíjate cuánta más energía emocional y física tienes al siguiente día.

2. ¿Examinas los motivos antes de contar una ofensa recibida? ¿Te sientes apenado y renuente a contar a una tercera persona la ofensa recibida? ¿Estas personas tienen la autoridad para corregir la situación? Si es así, es posible que necesites informar lo ocurrido. Por otra parte, ¿sientes una cierta anticipación y urgencia por contar lo ocurrido? ¿Te acercas a una tercera persona que no puede solucionar el problema y te justificas diciéndole «ore por favor»? Es posible que estés justificando el chisme. Piensa dos veces antes de ser parte de algo que el Señor considera abominable.

3. ¿Atravesaste alguna etapa rebelde en contra de tus padres? ¿Qué hicieron ellos para provocar tu ira y amargura? ¿Los perdonaste? Si no lo has hecho, hazlo ahora. La rebeldía es

un pecado tan grave como la brujería, por ello, necesitas cerrar todas las puertas abiertas a la influencia satánica. Si eres cristiano, usa la autoridad espiritual que tienes en nombre de Jesús, para decirle al demonio que no es parte de tu vida y ordenarle, a él y sus influencias demoníacas, que salgan. Si no estás seguro de cómo hacer esto, fíjate en la sección «Los cuatro pasos del perdón», en el capítulo doce. El cuarto paso te da un ejemplo de qué hacer. Si tú no eres cristiano, haz primero la oración de la sección «Alcanza el mejor tesoro», del capítulo doce, para lograr tu salvación. Entonces, podrás tener la autoridad espiritual necesaria para firmemente cerrarle la puerta al demonio.

7 Una historia de dos baúles

El rey Saúl

Uno de los hombres era exaltado y poderoso, fue el primer rey de la nación escogida por Dios. Tenía muchas riquezas y un ejército a su disposición. El otro era oprimido y sin poder, era esclavo y prisionero en tierras paganas; sus hermanos, que lo odiaban, lo vendieron y luego, por culpa de la maliciosa esposa de su amo, lo encarcelaron. ¿Cuál de estos hombres cumpliría mejor el propósito de Dios en la historia? ¿Cuál de estos hombres afectaría para bien la vida de miles de personas y dejaría una cuantiosa herencia espiritual para las futuras generaciones?

El rey tenía toda la ventaja, parecía estar encaminado a un glorioso futuro. El esclavo tenía menos que nada; parecía estar encaminado a un terrible fin. Sin embargo, la respuesta no es tan obvia como parecería.

Una importante variable sería de gran influencia en estas dos vidas: mucho dependía de lo que cada hombre llevaba en su baúl.

Asimismo pasa en nuestras vidas, mucho depende de la carga que llevemos o no llevemos en nuestros baúles. Esto determina el resultado de nuestra carrera espiritual. ¿Terminaremos o fracasaremos? ¿Cumpliremos el propósito de Dios para nuestras vidas? ¿Dejaremos un legado de pobreza o riqueza espiritual? Cada decisión que hagamos de tomar o no tomar una ofensa, afectará la cantidad de basura que llevamos en nuestros baúles. ¿Cuán importante es esta variable? Podemos conocer la respuesta en estos dos hombres de los que hablábamos: el rey Saúl y José.

En este capítulo examinaremos el contenido del baúl del rey Saúl. Por así decirlo, observaremos cómo reaccionaba ante las ofensas. En el siguiente capítulo, examinaremos el contenido del baúl de José, observaremos qué hacía él con las numerosas oportunidades que tuvo de sentirse ofendido. Las Escrituras nos muestran cómo las decisiones de estos dos hombres del Antiguo Testamento les afectaron para llevar, o no, cargas en sus baúles. También nos muestran cómo esa variable influenció grandemente en el resultado final de sus vidas.

Hacer espacio para la carga

Incluso antes de convertirse en rey, a Saúl le estaban pasando cosas muy interesantes. La Biblia nos lo describe así:

> Había un hombre de la tribu de Benjamín, muy respetado, cuyo nombre era Quis hijo de Abiel... Quis tenía un hijo llamado Saúl, que era buen mozo y apuesto como ningún otro israelita, tan alto que los demás apenas le llegaban al hombro.
>
> 1 Samuel 9:1-2

Buen mozo, apuesto y alto —incluso en la sociedad actual eso es suficiente para que Saúl tenga la ventaja—. Pero hay más:

> Entonces Samuel tomó un frasco de aceite y lo derramó sobre la cabeza de Saúl. Luego lo besó y le dijo: ¡Es el Señor quien te ha ungido para que gobiernes a su pueblo! ... "De ahí llegarás a Guibeá de Dios... te encontrarás con un grupo de profetas que bajan del santuario en el cerro. Vendrán profetizando, precedidos por músicos que tocan liras, panderetas, flautas y arpas. Entonces el Espíritu del Señor vendrá sobre ti con poder, y tú profetizarás con ellos y serás una nueva persona"».
>
> 1 Samuel 10:1,5-6

Además de su ventaja física, Saúl también había recibido ventaja espiritual. El profeta Samuel lo ungió, el Espíritu del Señor vino sobre él y lo convirtió en una «nueva persona». Dios le hizo un nuevo ser en el interior. ¡Eso es un baúl cargado de tesoros! El futuro de Saúl realmente parecía glorioso. Luego vino ese pequeño incidente que mencionamos en el capítulo cuatro, donde las mujeres daban la bienvenida al ejército que regresaba, cantando sobre cómo Saúl había asesinado a miles y David a decenas de miles. Saúl no podía permitir que esto pasara, simplemente hería su orgullo, así que se ofendió con David. Permitió que el sol se pusiera sobre su enojo y al siguiente día vino un espíritu maligno. Saúl le abrió la puerta al demonio, almacenando la carga de la ofensa en su baúl. Igual que la suciedad y el agua limpia, la basura y los tesoros no van bien juntos. Si al agua más pura de la tierra le agregas una pequeña cantidad de suciedad, ¿cuál sustancia cambia más su cualidad?... ¡Correcto! Las cosas se mezclaron y se ensuciaron en el baúl de Saúl.

Lo primero que pierdes

Las amistades verdaderas y las relaciones importantes, son los primeros tesoros que tú pierdes si colocas amargura en tu baúl. Cuando te vuelves amargado, desaparece la gente más importante para ti. A la gente le resulta difícil quedarse junto a alguien que está lleno de veneno. Aunque el veneno no esté dirigido a ellos, saben que les afectará negativamente. A pesar de que Saúl estaba envenenado con amargura hacia David, lee en 1 Samuel 20 cómo afectó esto a su familia: «Saúl se enfureció con Jonatán. "¡Hijo de mala madre!", exclamó» (versículo 30). Los celos que Saúl sentía por David prendieron la ira en su corazón y alcanzaron a sus más allegados: su esposa e hijo, para quien estaba tratando de conservar el trono. Saúl pensó que para él poder conservar el trono, David tenía que morir. Así que le dijo a su hijo Jonatán:

> ¿Crees que no sé que eres muy amigo del hijo de Isaí, para vergüenza tuya y de tu desgraciada madre? Mientras el hijo de Isaí

viva en esta tierra, ¡ni tú ni tu reino estarán seguros! Así que manda a buscarlo, y tráemelo, pues está condenado a morir.

1 SAMUEL 20: 30-31

Jonatán amaba a su padre, pero también quería a David. Respondió: «¿Y por qué ha de morir?... ¿Qué mal ha hecho?» (versículo 32). Cuando estás amargado, la gente que en realidad te ama, te confrontará con ello. Proverbios 27:5-6 dice: «Más vale ser reprendido con franqueza que ser amado en secreto. Más confiable es el amigo que hiere...» Una persona que te ama, tratará de corregirte. Imagínate que llegas a la oficina con una mucosidad en tu nariz. Tus colegas saben que más adelante tienes una importante reunión, pero durante todo el día te dejan ir de un lado a otro con esa cosa algo ofensiva y visible. ¿Te aman? La respuesta es no. Alguien que se preocupe por ti te diría: «Anda al baño y ocúpate de eso que tienes en tu nariz antes de la reunión». Es posible que te avergüence, pero fieles son las heridas de un amigo.

En lugar de recibir la corrección de Jonatán, Saúl la rechazó e incluso trató de matar a su propio hijo y heredero:

Saúl le arrojó su lanza para herirlo. Así Jonatán se convenció de que su padre estaba decidido a matar a David. Enfurecido, Jonatán se levantó... Estaba muy afligido porque su padre había insultado a David.

1 SAMUEL 20:33-34

Jonatán sabía que las acciones de su padre eran vergonzosas. En ocasiones, una persona amargada no recibe las correcciones y te tienes que separar de él o de ella. Jonatán hizo exactamente eso y Saúl perdió la relación con su hijo. «La disciplina es el camino a la vida», nos dice Proverbios 6:23. Pero si no estamos dispuestos a recibir la corrección, podemos perder a las personas más cercanas a nosotros que están tratando de ayudarnos.

La actitud de Saúl hizo que perdiera varias relaciones muy valiosas. David, que no había hecho otra cosa que honrarle y servirle, no podía acercarse a él. Jonatán y su madre fueron afectados. El profeta Samuel se había distanciado de él, debido a la desobediencia y comportamiento de Saúl: «nunca más volvió Samuel a ver a Saúl, sino que hizo duelo por él» (1 Samuel 15:35).

La gente buena se aleja del veneno de la amargura. No quieren tener nada que ver con esa clase de basura o con la gente que la esparce.

Perder el enfoque del propósito de Dios

Hacer espacio para la carga, no solo empañó las relaciones de Saúl, también opacó su enfoque del propósito que Dios tenía para él como rey. Recuerda, el enfoque es tremendamente poderoso. El enfoque de la luz de un rayo láser puede cortar el acero. Si tú conoces el propósito de Dios para tu vida y enfocas tus energías en cumplirlo, estarás haciendo tu carrera espiritual con excelencia. Pero solo te puedes enfocar en una dirección. Dios no puso ojos en la parte de atrás de tu cabeza. Si decides enfocarte en la raíz amarga de la falta de perdón, perderás tu enfoque en Dios y su propósito. Es posible que más gente fracase debido a un inapropiado enfoque, que por cualquier otra razón.

No te puedes enfocar al mismo tiempo en el plan de Dios y en la amargura. No puedes tenerlos a los dos en tu baúl. Saúl tampoco podía y él escogió la basura. Cuando Saúl se convirtió en rey, tenía un propósito: proteger la nación, conseguir mejoras sociales para el pueblo y juzgar a su gente. Pero una vez que Saúl escogió sentirse ofendido, su enfoque cambió del propósito de Dios, al de obtener venganza. Las Escrituras dicen que Saúl «se convirtió en su enemigo [de David] por el resto de su vida» (1 Samuel 18:29); y que Saúl buscaba a David día tras día para destruirlo (ver 1 Samuel 23:14).

Saúl estaba más preocupado por David, que por su reino. En lugar de proteger la tierra, iba de una montaña a otra tratando de atrapar y matar a David. Él estaba en un lado de la montaña y David estaba en el otro. Era como un carrusel, hasta que los hombres de Saúl le informaron que los filisteos habían invadido el reino. Saúl dejó de cazar a David con el fin de pelear con los filisteos, pero si hubiese estado haciendo lo que se *esperaba* que hiciera, es posible que nunca hubieran invadido su territorio. Se esperaba que Saúl usara su posición como rey para conseguir mejoras sociales para la nación. Más adelante, durante la administración de David y Salomón, Israel logró grandes mejoras, pero bajo la administración del rey Saúl, ¿cuántas mejoras se hicieron? Las Escrituras no registran ninguna. ¿Por qué? Saúl perdió su enfoque. En lugar de cumplir su destino y su propósito, estaba obsesionado con encontrar y castigar a David, un hombre que no le había hecho ningún daño.

Perder el temor de Dios

Además, estaba el asunto de juzgar a la gente. En su reino, más adelante, el rey Salomón comenzó de inmediato a impartir juicios increíblemente sabios. ¿Recuerdas la historia de las dos mujeres que clamaban su derecho de maternidad sobre el mismo niño? Él dictaminó que se debía cortar al niño en dos y que cada una de las mujeres tomara una mitad de él, ya que sabía que la verdadera madre retiraría su reclamo con tal de que su hijo viviera. Cuando ella hizo eso, Salomón la premió con su hijo (ver 1 Reyes 3:16-28). El enfoque de Salomón estaba en su propósito como rey. Sin embargo, el rey Saúl, a quien la amargura lo consumía, no se tomaba el tiempo para juzgar al pueblo.

En los cuarenta años que Saúl fue rey, la Biblia registra muy pocas ocasiones en las que él hiciera un juicio, y esos juicios constituían una triste acusación en su contra. Uno de ellos fue una terrible imitación de justicia en contra de la casa de un sacerdote y mostró que Saúl había perdido más que su enfoque en el propósito de Dios. En su amargura, él incluso había perdido el temor de Dios. Una vez más, David tenía que huir de la ira mortal de Saúl. David fue ante el sacerdote Ajimélec, en Nob, y le pidió comida; y el sacerdote consultó al Señor por él. También le dio pan y la espada de Goliat, a quien David había vencido. El sacerdote sabía que David siempre había obrado correctamente con Saúl y David le dijo que estaba siguiendo órdenes del rey. El sacerdote tenía toda la razón de ayudarle.

En su búsqueda de David, Saúl se quejó con sus sirvientes: «todos ustedes conspiran contra mí... nadie me informa del pacto que mi hijo ha hecho con el hijo de Isaí! Nadie se ha tomado la molestia de avisarme que mi propio hijo instiga a uno de mis súbditos a que se subleve y me aceche, como en realidad está pasando» (1 Samuel 22:8). Ahora bien, los siervos de Saúl no estaban conspirando contra él, pero cuando permites que la amargura crezca dentro de ti, te comienzas a sentir solo y abandonado, comienzas a actuar como una víctima, nada es tu culpa y culpas a todos los demás de lo que pasa. Cuando haces espacio en tu baúl para actuar como víctima, desaparecen tesoros como la amistad, como ya lo hemos visto anteriormente. A la gente no le gusta unirse a los que se miman a sí mismos con lástima, a no ser que sean ellos a quienes miman. Saúl sentía pena por sí mismo y les decía a estos hombres: «Nadie siente pena por mí, todos están contra mí» (nadie me quiere, todos me odian, me voy a comer gusanos, pobre de mí...).

A pesar de su actitud, Saúl no era víctima de nadie, ni tampoco David lo estaba asechando para matarle. De hecho, David tuvo grandes oportunidades de matar a Saúl durante su pequeña persecución en la montaña. En un cierto momento se deslizó y le cortó la esquina de la túnica de Saúl para probarle que él no quería hacerle ningún daño. Bastante turbación tuvo la conciencia de David solo por haber hecho eso. David dijo a sus hombres: «¡Que el Señor me libre de hacerle al rey lo que ustedes sugieren! No puedo alzar la mano contra él, porque es el ungido del Señor» (1 Samuel 24:6). En todas sus luchas, como el inmerecido objeto del odio de Saúl, David jamás se ofendió por causa del rey Saúl, ni tampoco perdió el temor de Dios.

No fue así con Saúl. Su amargura evitaba que pensara claro. Él determinó que la cabeza de *alguien* tenía que rodar; y ya que David estaba fuera de su alcance, comenzó a acusar a su propia gente de conspiración (y aquí vemos lo que causa la ira enfocada). Estos pobres siervos tenían en sus manos a un rey enojado e irracional y sabían que alguien tenía que *hacer* algo rápido, o de lo contrario rodarían algunas cabezas. Un hombre que vio que David estuvo donde Ajimélec, el sacerdote, dio un paso al frente para ofrecer la información: «Doeg el edomita, que se encontraba entre los oficiales de Saúl, le dijo: Yo vi al hijo de Isaí reunirse en Nob con Ajimélec hijo de Ajitob. Ajimélec consultó al Señor por David y le dio provisiones, y hasta le entregó la espada de Goliat» (1 Samuel 22:9-10). Eso evitó que la ira de Saúl se enfocara en sus siervos, para alivio de ellos, sin duda. Pero no fue tan bueno para su nuevo objetivo: los sacerdotes.

Al escuchar esto, el rey Saúl mandó a llamar a Ajimélec, el sacerdote y a todos sus parientes que eran sacerdotes en Nob. Cuando estuvieron frente a él, Saúl volvió a soltar su cantaleta de víctima:

¿Por qué tú y el hijo de Isaí conspiran contra mí? le reclamó Saúl. Le diste comida y una espada. También consultaste a Dios por él para que se subleve y me aceche, como en realidad está pasando.

1 SAMUEL 22:13

La audiencia con el rey Saúl no era en lo absoluto como la habían anticipado los sacerdotes. Ajimélec respondió:

¿Quién entre todos los oficiales del rey es tan fiel como su yerno David, jefe de la guardia real y respetado en el palacio? ¿Es acaso ésta la primera vez que consulto a Dios por él? ¡Claro que no! No debiera el rey acusarnos ni a mí ni a mi familia, pues de este asunto su servidor no sabe absolutamente nada.

1 SAMUEL 22:14-15

Los sacerdotes no habían hecho ningún daño, pero Saúl estaba amargado. La amargura evita que veas con claridad. Estás cegado, como lo habíamos hablado en el capítulo dos, y estás engañado. Filtras todo a través de tu inseguridad y amargura y eres incapaz de juzgar una situación adecuadamente. El juicio ciego de Saúl es horrible: «¡Te llegó la hora, Ajimélec!... ¡Y no sólo a ti sino a toda tu familia!» (1 Samuel 22:16).

Saúl ordenó a sus guardias que mataran a los sacerdotes y a pesar de su peligroso estado de mente, se rehusaron. «Los oficiales del rey no se atrevieron a levantar la mano en contra de los sacerdotes del Señor» (1 Samuel 22:17). Al igual que David, ellos no habían perdido el temor de Dios. Pero el informante, Doeg, un edomita, no tuvo muchos reparos.

> ... él se lanzó contra ellos y los mató. Aquel día mató a ochenta y cinco hombres que tenían puesto el efod de lino. Luego fue a Nob, el pueblo de los sacerdotes, y mató a filo de espada a hombres y mujeres, a niños y recién nacidos, y hasta a los bueyes, asnos y ovejas.
>
> 1 SAMUEL 22:18-19

Ochenta y cinco sacerdotes del Señor, sus esposas, sus hijos e incluso su ganado, murieron a causa de la amargura de Saúl hacia David.

La amargura es mortal, siempre destruye, siempre corrompe. Hacer espacio para la amargura en su baúl, forzó a Saúl a sacar algunos de sus más valiosos tesoros: buen juicio; amigos verdaderos e importantes relaciones; su enfoque en el propósito de Dios; e incluso, su temor de Dios. Eventualmente perdió su reino y su vida. Saúl perdió más de lo que había ganado. Sería sabio no hacer lo mismo.

Descarga tu baúl

1. Cada decisión que tomamos de pasar por alto o recoger una ofensa, afecta la cantidad de basura que llevemos en nuestro baúl. ¿Fuiste igual que Saúl la última vez que te ofendieron? ¿Desperdiciaste valiosos tesoros al añadir esa basura? Si fue así, no es tarde para hacer una limpieza. Vuelve a leer la sección «Alguien y algo», al final del capítulo cuatro y perdona por fe. Toma una firme decisión de que la próxima vez que alguien te ofenda, la pasarás por alto.

2. ¿Alguna vez te has alejado de un amigo que no podía manejar su amargura hacia alguien más? ¿Cómo te afectó el veneno

de tu amigo? ¿Trataste de corregir a tu amigo? ¿Qué hay de tu comportamiento con tus más allegados? Si un amigo o alguien a quien tú amas ha tratado de corregirte recientemente, ¿cómo lo recibiste? Si valoras tu relación, acepta el reproche amoroso. Recuerda que «más confiable es el amigo que hiere».

3. Recientemente le pregunté a un pastor de un grupo muy conservador lo que pensaba acerca de Billy Graham: «Se va a ir al infierno», me contestó. Me aseguré de que estuviéramos hablando del mismo evangelista. «Sí» insistió, «se va a ir al infierno». David sabía que era mejor no tocar al ungido de Dios, pero Saúl había perdido su temor de Dios. ¿Qué hay de ti y de mí? Cuando vemos algo en el Cuerpo de Cristo que no entendemos, ¿somos cuidadosos antes de condenarlo? Dios no necesita nuestro permiso para hacer algo nuevo o diferente. Es posible que nos involucre o es posible que no lo haga. Si no lo hace, necesitamos evitar los celos que invadieron a Saúl por el éxito de David. Debemos evitar hablar o actuar en contra de alguien a quien Dios está bendiciendo.

8 Una historia de dos baúles

José

José, como Saúl, era otro selecto y bien parecido hijo de la Biblia que al inicio tenía mucho a su favor. En su caso, sin embargo, esto no perduró.

A temprana edad arrancaron a José de su hogar, su familia y su muy famosa túnica multicolor. Parado desnudo en un mercado de Egipto, lo vendieron como esclavo. Las cadenas de hierro en su cuello, manos y pies, fueron solamente el principio de sus problemas. De la noche a la mañana lo perdió todo... o casi todo. En medio de su desastre se sostuvo de una sola cosa: los tesoros de su baúl. Veamos lo que José llevaba y lo que se rehusaba a llevar. Al igual que Saúl, los contenidos del baúl de José harán la diferencia en el resultado final.

Aunque José era el décimoprimero de doce hermanos en la familia de Jacob, su padre, «amaba a José más que a sus otros hijos, porque lo había tenido en su vejez» (Génesis 37:3). Jacob le dio a José una hermosa túnica, la muy famosa túnica de muchos colores. Cuando José tenía diecisiete años, estaba claro que era el hijo favorito. Así como Saúl, José parecía estar encaminado a un futuro glorioso.

Si quieres problemas en tu casa, muestra favoritismo por uno de tus hijos. Génesis 37:4 relata que: «Viendo sus hermanos que su padre amaba más a José que a ellos, comenzaron a odiarlo y

ni siquiera lo saludaban». No podían siquiera hablarle al mucha-
cho, pero eso no evitó que José les hablara a ellos. Además, José
no tuvo mucho tacto que digamos. Relató un par de sueños en
los cuales él se convertía en el jefe de toda su familia. En uno,
su padre, madre y hermanos eran el sol, la luna y once estrellas
y todas estaban inclinándose ante *él*. Esto no ayudó a su posición: «Y lo odiaron aún más por los sueños que él les contaba».
Incluso, su padre le reprochó: «¿Qué quieres decirnos con este
sueño que has tenido?... ¿Acaso tu madre, tus hermanos y yo
vendremos a hacerte reverencias?» (Génesis 37:8,10).

A veces, es mejor no decir lo que Dios te dice a ti. Sé sabio y
mantén tu boca cerrada. Todavía José no había aprendido esta
lección y sus hermanos no estaban felices con esos sueños de
grandeza. Así que decidieron que necesitaba un escarmiento.

Sin espacio para la carga

Un día, Jacob envió a José a vigilar a sus hermanos, quienes
estaban alimentando al ganado en Siquén. En una ocasión anterior, José le dio un mal informe a Jacob. En esta ocasión, los
hermanos no estaban dispuestos a que eso volviera a suceder.
Cuando vieron a José a la distancia, se dijeron unos a otros:

> Ahí viene ese soñador. Ahora sí que le llegó la hora. Vamos
> a matarlo y echarlo en una de estas cisternas, y diremos que
> lo devoró un animal salvaje. ¡Y a ver en qué terminan sus
> sueños!
>
> GÉNESIS 37:19-20

Le arrancaron la elegante túnica y casi lo asesinan de no ser
por su hermano Rubén, que tuvo otra idea e intervino. Una ca-
ravana de ismaelitas pasó por ahí y el resto de los hermanos, en
ausencia de Rubén, se deshicieron de José. Vendieron al soñador
por veinte monedas de plata, aproximadamente $12.80 dólares,
de acuerdo a la *Referencia Bíblica de Dake*.

Podría escribir un libro sobre la carga que los hermanos de
José llevaban en *sus* baúles. Se pasaron años cocinando esta

ofensa para José y para su padre Jacob. Estaban sobrecargados de ira y estaban cultivando una cosecha completa de fruto espiritual amargo. Luego de arrancarle la túnica a José, arrojarlo a un hoyo y venderlo como esclavo, zambulleron su túnica en sangre de cabra, se la presentaron a su padre y le *mintieron*:

> Encontramos esto. Fíjate bien si es o no la túnica de tu hijo. En cuanto Jacob la reconoció, exclamó: ¡Sí, es la túnica de mi hijo! ¡Seguro que un animal salvaje se lo devoró y lo hizo pedazos! Y Jacob se rasgó las vestiduras y se vistió de luto, y por mucho tiempo hizo duelo por su hijo... decía: No. Guardaré luto hasta que descienda al sepulcro para reunirme con mi hijo.
>
> GÉNESIS 37:32-35

Estos jóvenes vieron cómo la pena prácticamente mataba a Jacob, pero no hicieron *nada*. En su larga agonía, ellos no le dijeron la verdad. Botaron la integridad y la solidaridad de sus baúles y abrieron espacio a la amargura.

Fácilmente José pudo haber hecho lo mismo. Si tus hermanos te odiaran, se burlaran de ti, te pegaran y te vendieran como esclavo, es posible que tuvieras un par de cosas que arreglar, ¿no es así? Es probable que José haya tenido más oportunidades para ofenderse que cualquiera de nosotros. Con hermanos como esos, no necesitaba enemigos. Él tenía todas las razones necesarias para convertirse en alguien amargado y vengativo. Tú podrías imaginarte que creció siendo un joven miserable y lleno de odio, pero ¿qué pasó en Egipto? Exactamente lo opuesto, José se convirtió en una persona que dio fruto y ascendió de nuevo (al menos temporalmente). Lo compró Potifar, un oficial del Faraón, y las Escrituras nos cuentan qué sucedió con José el esclavo:

> Las cosas le salían muy bien... Mientras José vivía en la casa de su patrón egipcio, éste se dio cuenta que el Señor estaba con José y lo hacía prosperar en todo. José se ganó la confianza de Potifar, y éste lo nombró mayordomo de toda su casa y le confió la administración de todos sus bienes. Por causa de José, el Señor bendijo la casa del egipcio Potifar a partir del momento

en que puso a José a cargo de su casa y de todos sus bienes.
La bendición del Señor se extendió sobre todo lo que tenía el
egipcio, tanto en la casa como en el campo.

GÉNESIS 39:2-5

Obviamente José no permitió que una raíz amarga dañara su
vida. Un espíritu amargo y de odio no prospera, pero la bendición del Señor estaba con José en Egipto. Él mantuvo su integridad, sirvió bien a su amo y tuvo éxito en todo. Estaba demasiado
ocupado dando frutos como para cargar su baúl con basura. Sin
embargo, le esperaba otra oportunidad para ofenderse...

Pasarle de largo a la basura y por el contrario dar frutos

Así como Saúl, José «tenía muy buen físico y era muy atractivo»
(Génesis 39:6). Mientras el guapo José estaba ocupado cuidando
de las cosas de Potifar, la esposa de Potifar puso sus ojos en él.
Ella lo miraba con ojos deseosos y pronto comenzó a pedirle,
día tras día, que se acostara con ella. Sin duda, era hermosa, y
cualquier hombre en la posición de José hubiese aprovechado el
placer y la ventaja que eso significaba. Con frecuencia la gente
amargada piensa que la vida les debe algo por todo lo que han
atravesado. Sin embargo, fíjate en la respuesta de José a esta
mujer:

Mire, señora: mi patrón... todo me lo ha confiado a mí. En esta
casa no hay nadie más importante que yo. Mi patrón no me ha
negado nada, excepto meterme con usted, que es su esposa.
¿Cómo podría yo cometer tal maldad y pecar así contra Dios?

GÉNESIS 39:8-9

José desplegó de su baúl el tesoro de la integridad. En lugar
de guardar resentimientos contra su amo, decidió no decepcio-
narlo. En lugar de culpar a Dios por sus circunstancias, José
decidió no pecar en contra de él.

Por su integridad, José pasó algún tiempo en la cárcel. Un día, la esposa de Potifar agarró a José por su ropa y le *suplicó* que se acostara con ella. La Biblia dice que ninguno de los miembros de la familia estaba dentro. José pudo haber accedido fácilmente. Pero por el contrario, huyó de ella y del pecado, dejando sus atuendos en las manos de ella. Esa mujer era tan poderosa como hermosa y se sentía humillada por los continuos rechazos de José. Cuando su esposo regresó a casa, ella le mostró la ropa de José y le mintió (el mismo truco que los hermanos de José habían usado con Jacob). Dijo que José había tratado de aprovecharse de ella, pero cuando gritó, él huyó dejando su ropa. A pesar de que Potifar tenía en alta estima a José, creyó la historia de su esposa (Proverbios 6:34:35 dice que los celos desatan la furia del esposo y que nada la apaciguará). José terminó en la prisión del rey por un crimen que no había cometido y ahí fue olvidado durante años; tal vez para siempre…

Imagínate ser un joven arrancado del hogar y la familia, desnudo, atado con cadenas y vendido en un mercado de esclavos. Trabajas arduamente para complacer a tu nuevo patrón, cuidando y prosperando todas sus propiedades; incluso te rehúsas a dormir con su bella esposa, aunque esta se te abalanza una y otra vez. A cambio de tu servicio fiel y destacado, tu patrón cree las falsas acusaciones de ella, te culpa de todo lo que tú evitaste hacer, te envía a prisión y pierdan las llaves de la celda. Probablemente tú tendrías un par de cosas con las cuales lidiar, ¿verdad?

Exactamente en ese punto se encontraba José. Cada esfuerzo por sobrellevar la extrema adversidad, parecía llevarlo continuamente a circunstancias peores. Parecía que se le terminaba la vida mientras esperaba morir en el miserable hoyo de un calabozo. Tú pensarías que José cargaba un resentimiento del tamaño de Egipto; que el señor simpatía había desaparecido; que de ahora en adelante colocaría toda clase de carga amarga en su baúl y que, finalmente, comenzaría a preocuparse por él mismo.

¡No José! Él perdonó a sus hermanos y perdonó a Potifar y a su esposa. El perdón es la única explicación para su actitud en la prisión. En lugar de ser una persona miserable y odiosa, ¡José usó su tiempo y talentos para mejorar la prisión!

> … [el carcelero] puso a José a cargo de todos los prisioneros y de todo lo que allí se hacía. Como el Señor estaba con José y hacía prosperar todo lo que él hacía, el guardia de la cárcel no se preocupaba de nada de lo que dejaba en sus manos.
>
> GÉNESIS 39:22-23

Una vez más, José estaba demasiado ocupado dando frutos para cargar su baúl con el resentimiento; estaba preocupado en satisfacer las necesidades de quienes le rodeaban. José, con la ayuda y la bendición de Dios, fue capaz —a pesar de las circunstancias terribles— de ministrar exitosamente a los otros prisioneros, incluyendo al copero y al panadero del rey, que ofendieron a su amo y los enviaron a prisión. Un día, cuando José los servía, notó que ellos estaban muy preocupados. La gente amargada se centra en sí misma. ¡No José! En lugar de encerrarse en sí mismo, notó los problemas de los otros prisioneros. José les preguntó: «¿Por qué andan hoy tan cabizbajos?» (Génesis 40:7).

José no había olvidado las injusticias cometidas con él, pues todos los días sufría las consecuencias. Pero sí había perdonado a quienes le ofendieron, lo cual mantuvo su baúl libre de basura y lista para servir a otros. El copero y el panadero le contaron su problema a José: ellos no podían interpretar sus sueños. José les respondió que los sueños le pertenecen a Dios y se ofreció a interpretarlos. El copero había soñado que iba a ser restituido en su antigua posición y José le pidió un favor:

> Yo le ruego que no se olvide de mí. Por favor, cuando todo se haya arreglado, háblele usted de mí al faraón para que me saque de esta cárcel. A mí me trajeron por la fuerza, de la tierra de los hebreos. ¡Yo no hice nada aquí para que me echaran en la cárcel!
>
> GÉNESIS 40:14-15

De nuevo el copero obtuvo su libertad, pero se olvidó de José y pasaron dos años. Esta era otra gran oportunidad para que José se ofendiera, pero como siempre, estaba demasiado ocupado dando frutos. Finalmente, el faraón tuvo un sueño que nadie pudo interpretar y repentinamente se encendió una luz en la mente del copero. Él le habló al faraón sobre el joven hebreo que estaba prisionero y que interpretaba los sueños con mucha precisión; y en menos de veinticuatro horas José pasó de ser prisionero, a primer ministro de la nación más poderosa de la Tierra.

Dios puede cambiar vidas así de sencillo. Él también podría hacerlo contigo en cualquier lugar del planeta Tierra y en veinticuatro horas, a partir de hoy, tu vida podría ser completamente diferente y eso sería muy perturbador, asumiendo que no estés demasiado ocupado con la basura de tu baúl como para perder lo que Dios tiene preparado para ti. José no estaba tambaleándose con la amargura y Dios pudo darle frutos inconmensurables.

El tesoro de una vida piadosa

Un tesoro muy particular en el baúl de José, su actitud, le permitió ampliamente a Dios cumplir sus propósitos en él y a través de él. En ocasiones, la actitud lo es todo. Fíjate en la actitud de José ante el faraón:

> El faraón mandó llamar a José, y enseguida lo sacaron de la cárcel. Luego de afeitarse y cambiarse de ropa, José se presentó ante el faraón, quien le dijo: Tuve un sueño que nadie ha podido interpretar. Pero me he enterado de que, cuando tú oyes un sueño, eres capaz de interpretarlo. No soy yo quien puede hacerlo respondió José, sino que es Dios quien le dará al faraón una respuesta favorable.
>
> GÉNESIS 41:14-16

José pudo haber reaccionado con ira: «¿Por qué debería yo, un esclavo en *tu* país, interpretar un sueño *tuyo*? Fui enviado a *tu* prisión por algo que no hice. Que alguien más te ayude». Por ese camino seguramente no habría llegado a primer ministro. Probablemente hubiera perdido su cabeza. La amargura es mortal.

José pudo haber reaccionado buscando una recompensa: «Yo *podría* interpretar tu sueño, faraón; pero primero, ¿qué hay para *mí*? Ayúdame y yo te ayudaré. Quiero mi libertad». Es muy probable que esa clase de persuasión tampoco le hubiera llevado a la posición de primer ministro. Estar centrado en uno mismo no es atractivo.

En lugar de esto, José usó el tesoro de una actitud piadosa en su baúl. Se humilló y le dio gloria a Dios y le dijo al faraón: «No soy yo quien puede, sino que es Dios quien le dará al faraón una respuesta» (Génesis 41:16). Además, José le dijo que sería «una respuesta favorable». Él quería que el faraón encontrara la respuesta que necesitaba y que esta fuera favorable. José no solo interpretó el sueño del faraón, el cual señalaba siete años de hambruna en el futuro, sino que le sugirió un plan para proteger a Egipto y salvaguardar la vida de su pueblo. Él estaba más preocupado por el bien del faraón, que por el suyo.

El faraón se fijó en la actitud de José y exclamó a sus sirvientes: «¿Podremos encontrar una persona así, en quien repose el espíritu de Dios?» (Génesis 41:38). El faraón le encargó a José llevar a cabo el plan propuesto, diciéndole: «Quedarás a cargo de mi palacio, y todo mi pueblo cumplirá tus órdenes. Sólo yo tendré más autoridad que tú, porque soy el rey» (Génesis 41:40).

Sin sed de venganza

El favor del faraón para José debe haber atraído la atención de alguna gente. Por ejemplo, Potifar, su esposa y el copero del rey. José pudo haber usado su nueva posición para vengarse de ellos. La primera orden que muchos de nosotros habríamos dado en su lugar es: «Traigan acá a la esposa de Potifar; asegúrense que también venga su esposo y luego busquen al copero…» Pero José no hizo eso.

Como segundo al mando en Egipto, José también hubiese podido vengarse de su familia. Pero él no hizo eso, incluso cuando sus hermanos vinieron a Egipto (él no confiaba en ellos, en el camino había aprendido una o dos lecciones e hizo que mostraran el fruto de su arrepentimiento, pero eso es otra historia). Está claro que José no mencionó ni una palabra sobre las malvadas acciones de los hermanos. Él nunca se quejó ante el faraón: «Estos son los degenerados hermanos que me vendieron como esclavo. ¡Decapítalos!» De hecho, cuando los oficiales egipcios escucharon que la familia de José llegaba, les dieron la bienvenida muy emocionados. José había cubierto los pecados de sus hermanos.

José simplemente se rehusó a nutrir su sed de venganza. Él estaba demasiado ocupado dando frutos, para interesarse en saldar cuentas. El rey le dio una esposa y llamó a su primer hijo Manasés, que significa: «Dios ha hecho que me olvide de todos mis problemas, y de mi casa paterna» (Génesis 41:51). Si quieres la bendición de Dios en tu vida, haz lo que José hizo: él perdonó y olvidó todo el dolor que la gente le provocó al hacerle daño. Anteriormente hablamos sobre cómo Pablo nos instaba a olvidar las cosas que han quedado atrás. Tú podrías volver una y otra vez a las ofensas que la gente te ha hecho y reavivar la herida diariamente; o podrías perdonarlas, liberarte del pasado y vivir lo mejor que puedas dondequiera que estés, tal como lo hizo José.

José llamó a su segundo hijo Efraín, que significa: «Dios me ha hecho fecundo en esta tierra donde he sufrido» (Génesis 41:52). Si quieres ser fructífero, haz lo que José hizo: perdona, olvida y sigue adelante. No puedes llevar amargura y tener una vida fructífera.

Toda la diferencia del mundo

Todas las personas que conozco han recibido alguna herida cruel que las lastimó. No conozco ninguna excepción. A todos nos han lastimado, pero la diferencia consiste en que al final decidamos ofendernos o no. Saúl era el rey de la nación escogida por Dios y todo iba por un buen camino. Pero luego llenó su baúl de amargura. Esto le costó su reino y hasta su vida. José era el prisionero olvidado en una tierra pagana y nada salía como debía. Pero él se rehusó a llenar su baúl con amargura. En su lugar, usó los tesoros del perdón, la integridad y una actitud piadosa. José ganó un reino y rehízo su vida. De hecho, él preservó la vida de miles: «todos los países llegaban a Egipto para comprarle alimento a José, porque el hambre cundía ya por todo el mundo» (Génesis 41:57). Literalmente, José influenció el desenlace de todo el mundo. No habría podido hacerlo de tener una carga en su baúl.

Descarga tu baúl

1. ¿Qué habría sucedido si el rey Saúl y José pudieran haber cambiado de baúles? Imagínate que el rey Saúl se hubiese alegrado del éxito de David y seguido los designios de Dios para el reino. ¿Acaso la historia del Antiguo Testamento registraría un resultado diferente en su vida? Imagínate que José se hubiera dejado consumir por el odio a sus hermanos y hacia la casa de Potifar. Si José hubiera sido un esclavo rebelde y un prisionero insurrecto, ¿cómo habría cambiado su historia? ¿Qué sería diferente en tu historia si decidieras cambiar el contenido de tu baúl?

2. ¿Estás enfrentando alguna situación en la cual las cosas parecían bien al inicio, pero se están yendo cuesta abajo? Da un paso atrás y piensa cómo tu reacción ante las circunstancias y la gente detrás de éstas pueden afectarte a largo plazo. Piensa en cómo terminaron el rey Saúl y José a causa de sus reacciones ante la ofensa. Decide el ejemplo que vas a seguir basándote en el resultado que quieres obtener.

3. José tuvo muchas más oportunidades de ofenderse que la mayoría de nosotros. ¿Por qué crees que le fue tan bien sorteando las ofensas? ¿Sería tal vez porque «en medio de la aflicción» estaba demasiado ocupado en ser fructífero? Incluso en la prisión, estaba más centrado en bendecir a otros que en nutrir su rencor. Cuando estás tentado a ofenderte, lo primero que debes hacer es perdonar y orar por la persona que te ofendió, luego enfócate en bendecir a alguien más.

Te sorprenderá cuán fructífero puedes ser «en medio de tu aflicción».

4. José desplegó tesoros como la integridad y una actitud piadosa, los cuales le ayudaron a atravesar los tiempos difíciles. ¿Qué tesoros despliegas en tiempos de dificultad? ¿Puedes pensar en algún tesoro que te gustaría añadir a tu baúl para ayudarte en el futuro? ¿Qué dicen las Escrituras acerca de cómo desarrollar esos tesoros?

9 Amargado hasta los huesos

Seguiré do tú me guías,
Comeré lo que me den.

Esta parodia de un antiguo himno ha pasado entre los misioneros como un recordatorio de ir a donde los lleven y comer lo que les den. Y aunque mi amigo y yo literalmente no podíamos ver el techo porque estaba cubierto de una nube de moscas, comimos… y pagamos el precio con nuestra salud. Pero uno de nosotros pagó un precio más alto que el otro; y creo que el costo estaba directamente relacionado con lo que teníamos en nuestros baúles.

En esa época Jeanie y yo éramos misioneros en Méjico y un pastor amigo mío estaba ayudándome enormemente al enseñarme mucho sobre el ministerio. Incluso me enseñó cómo hacer un nudo Windsor para hacer una corbata. Aparte de la pequeña iglesia que Jeanie y yo estábamos iniciando, la suya fue la primera en la que prediqué. A menudo yo le ayudaba predicando en su lugar. Fue en una de esas ocasiones en la que decidimos viajar juntos a una pequeña aldea, un ranchito, donde los aldeanos acababan de poner la primera piedra para la trigésima tercera iglesia de mi amigo. Él estaba tan emocionado que me dijo: «Tengo que llevarte allá y mostrarte el lugar». Así que fuimos a visitar la nueva iglesia.

Cuando llegamos, algunos miembros de la iglesia rodearon la construcción y nos dieron la bienvenida. «Estamos *tan* contentos de que estén aquí. Por favor, pasen adelante y coman con nosotros», nos dijeron. Los seguimos hasta su casa y fue ahí cuando la canción misionera comenzó a sonar en mi cabeza. Yo me había alojado en algunos lugares realmente humildes, donde el techo pendía de un hilo, sin electricidad y nada más que un piso de tierra. Sin embargo, esta casa era el lugar más sucio que jamás, y recalco *jamás*, haya visitado. Cuando la gente nos sirvió la comida, teníamos que espantar las moscas con nuestras manos, con el fin de poder ver qué clase de pan era, si café o negro. Estaba todo tan sucio. Pero «comeré lo que me den». Mi amigo y yo comimos todo lo que nos dieron.

Unos meses después llamé a mi amigo pastor, pero no lo encontré. Debíamos viajar juntos otra vez, pero en esta ocasión iríamos a la iglesia de Lakewood, donde John Osteen tenía programada una convención de misiones. Pero me enteré que mi amigo estaba muy enfermo y lo habían hospitalizado. Iba de mal en peor y falleció en cuestión de días.

Al mismo tiempo, experimenté un ataque a mi salud. No tenía idea de lo que me pasaba. Yo también fui de mal en peor. Mi piel y la parte blanca de mis ojos se volvieron de un horrible verde amarillo y mi hígado estaba terriblemente inflamado. Mi orina era roja y mis heces blancas. Cuando fui al médico, su informe fue: «tienes una terrible hepatitis y podrías morir».

Jeanie y yo nos volcamos fervientemente a la Palabra de Dios, orando y agradeciéndole por mi curación. A la mañana siguiente todavía no tenía fuerzas. Apenas podía caminar o mantener en mi estómago algún alimento, pero me esforcé para levantarme y seguir adelante. Después del almuerzo vine a casa y me acosté en la cama. Por la noche ya me había curado y estaba jugando baloncesto.

Dios me había curado *por completo*. Recientemente me sometí a un examen físico para una póliza de seguros. Los exámenes de sangre resultaron completamente negativos, sin hepatitis.

Yo sé que Dios me sanó, pero mi pastor amigo murió. Ambos habíamos viajado a un lugar en el que no se podía ver el techo a causa de las moscas. Ambos habíamos comido el mismo alimento infestado de moscas y ambos habíamos sufrido un severo ataque a nuestro cuerpo, al mismo tiempo. Ambos servíamos al mismo Dios sanador, pero aun así, mi amigo falleció. Él también pudo haber sido sanado. ¿Qué sucedió? No podía entenderlo. Su muerte me perturbó terriblemente, por eso le pregunté al Señor: *¿Por qué?*

El Señor no me respondió directamente, pero hizo que recordara algo. La iglesia de mi amigo había atravesado una división. Algunos miembros de su congregación promovieron una división, se fueron y construyeron otra iglesia a medio kilómetro de distancia. Cada vez que yo veía a mi amigo, él hablaba de eso. «¿Tú sabes lo que hicieron?», me preguntaba. La próxima vez que lo veía, me decía: «¿Sabes lo que están haciendo ahora? Están llamando y visitando a todos los miembros de mi iglesia. Están tratando de robarse a nuestra gente». La siguiente ocasión, era: «Me hirieron tanto. Se llevaron a fulano y a zutano de mi iglesia».

Aunque mi amigo era maravilloso, nunca perdió una oportunidad para hablar sobre las terribles cosas que le habían hecho a él y a su iglesia. Y sí, *eran* terribles. Proverbios 16:28 dice: «El perverso provoca contiendas, y el chismoso divide a los buenos amigos». Esta gente había dividido todo el cuerpo de una iglesia, y mi amigo nunca los perdonó. Cuando yo le pregunté al Señor por qué había muerto, todo lo que el Señor hizo fue hacerme recordar.

Tal como lo comentamos en el capítulo cuatro, si no perdonas, la Biblia dice que le abres lugar al demonio. Satanás tiene una puerta abierta para entrar en tu vida. Es posible que ataque a tu familia, es posible que ataque tus finanzas o tu salud. Cuando tú permites que haya amargura en tu baúl, él *atacará* en alguna parte. Tus sistemas inmunes, tanto espirituales como físicos, se debilitarán. Yo creo que la amargura no permitió que mi amigo recibiera la gracia sanadora de Dios.

La relación cuerpo-baúl

No hay duda de esto. El estado de tu sistema inmune espiritual, afecta a tu salud física. Lo que almacenas en tu baúl, afecta a tu sistema inmune espiritual. Eso establece una definitiva relación cuerpo-baúl. Considera Proverbios 3:7-8: «No seas sabio en tu propia opinión; más bien, teme al Señor y huye del mal. Esto infundirá salud a tu cuerpo y fortalecerá tu ser». Serás mucho más sano físicamente, si no decides ir por tu propio camino, como hizo Caín. Tu cuerpo será mucho más fuerte, si no abandonas el miedo reverente a nuestro Señor, como vimos en el juicio amargo de Saúl. La decisión de perdonar o de aferrarse a la falta de perdón, como creo que le pasó a mi amigo, podría determinar la vida o la muerte.

Por el bien de tu salud física, examina regularmente tu baúl y saca cualquier desperdicio que estés cargando. Proverbios 14:30 nos advierte que la amargura es especialmente tóxica para nuestra salud: «El corazón tranquilo da vida al cuerpo, pero la envidia corroe los huesos». La paz de la mente y el corazón, trae vida y salud. Sin embargo, si tu mente está constantemente agitada porque tu corazón está lleno de ira, serás corroído hasta los huesos. *La Biblia de las Américas* es más gráfica aún: «las pasiones son podredumbre de los huesos». Esa es una placa de Rayos X que no quiero que mi médico me muestre. Prefiero mantener la corrosiva amargura fuera de mi baúl y fuera de mis huesos.

Una vez leí la verdadera historia de una mujer que permitió que la amargura penetrara profundamente en sus huesos. Espero que el terrible hecho que ella necesitaba perdonar fuera más de lo que cualquiera de nosotros tenga que enfrentar. Secuestraron y asesinaron a su hija adolescente. Una de las profesoras de la niña fue la responsable. Su madre estaba absolutamente devastada. Ella sucumbió a la desesperación. Todas las noches bebía licor hasta quedarse dormida y se negaba a los otros niños. El odio por el asesinato la consumió, afectando su vida familiar y su salud mental. Pronto afectó su salud física también. Sufría de constantes dolores de cabeza y espalda tan severos que apenas podía soportarlo.

Luego de años de miseria, la madre asistió al funeral de un pariente, cuando una línea del Padrenuestro atravesó las paredes de su odio: «Perdona nuestras ofensas, como también nosotros perdonamos a los que nos ofenden» (ver Mateo 6). Ella comenzó un intenso estudio sobre el perdón, leyendo todo lo que podía sobre él.

Se convirtió en una convencida de que el perdón era la respuesta a la desgracia que ella había hecho con su familia y su salud. Primero comenzó a decirse a sí misma, una y otra vez: «Deseo perdonar al asesino de mi hija. Deseo perdonar...» Luego le escribió una carta al perpetrador, diciéndole que le gustaría hacerle una visita. Habían pasado once años desde el asesinato.

La madre visitó al hombre en prisión y le abrió su corazón, le contó cómo su crimen le había afectado, todo lo que había perdido y por todo lo que había atravesado. Ella lloraba con su corazón roto mientras lo perdonaba. Él también lloró. De ese día en adelante desapareció la carga de su baúl y también la amargura en sus huesos. Las cosas comenzaron a marchar bien en su familia y con su salud. Cuando algunos amigos y conocidos supieron que ella había ido a visitar al asesino de su hija, se horrorizaron, pero ella no tenía ningún remordimiento. De hecho, ella sostenía que el perdón había sido el mejor regalo que se había hecho a sí misma o a su familia.

Abre de nuevo la puerta a las bendiciones de Dios

Mientras la amargura abre la puerta al enemigo para atacar nuestras vidas, el perdón hace exactamente lo opuesto. El perdón en sí mismo es la mejor recompensa, es lo mejor que podemos hacer por nosotros, pero también da entrada a las bendiciones de Dios. Cuando perdonamos, le cerramos la puerta al demonio y abrimos la puerta para que de nuevo las bendiciones inunden nuestra vida. Esto es especialmente cierto en lo que se refiere a nuestra salud física.

Una y otra vez he visto suceder eso en la vida de las personas. Uno de los más dramáticos ejemplos que he presenciado ocurrió cuando Jeanie y yo éramos aún misioneros en Méjico. Durante nuestros primeros dos años habíamos empezado una iglesia en Guadalajara; luego la dejamos en las capaces manos de un pastor mejicano y nos trasladamos a una comunidad indígena Otomí, al otro lado de Méjico en Hidalgo. Mientras tanto, en Guadalajara, un importante miembro de la congregación se sintió ofendido con el pastor. Un domingo este hombre pasó al frente hecho una furia y despotricó en contra del pastor, luego salió de la iglesia haciendo rechinar las llantas de su auto.

Pasaron ocho meses. El hombre no había aparecido por la puerta de la iglesia desde aquel día, pero por dondequiera que iba se llenaba la boca hablando mal del pastor: «Ese pastor es un falso profeta, es un lobo disfrazado de oveja, es un mentiroso…»

Para entonces, nosotros habíamos regresado a Guadalajara, y aunque yo había dejado de pertenecer a esa iglesia, sabía lo ocurrido. Me entristeció ver la amargura que una persona podía tener, pero decidí mantenerme al margen del problema. *Ahora soy el ex-pastor e involucrarme sería pedir un azote,* pensaba al recordar Proverbios 26:17: «Meterse en pleitos ajenos es como agarrar a un perro por las orejas».

Un domingo por la tarde Jeanie sugirió que visitáramos al enojado hombre y a su esposa. «Tal vez más tarde», le contesté desechando la idea. Detesto la confrontación, y yo sabía muy bien que no podría visitar a esta pareja sin confrontar la horrible situación entre este hombre y el pastor.

Más tarde, Jeanie volvió con lo mismo: «Yo creo que Dios quiere que vayamos», me dijo.

Después que me contara cuán profundamente segura estaba de que Dios quería que los visitáramos, no pude dejar de pensar en eso. Lo pospuse tanto que para cuando le dije vamos, Jeanie había puesto a nuestro hijo Joshua en la cama, por lo que tuve que ir yo solo.

A las ocho de la noche llamé a la puerta de este hombre. Su esposa se alegró de verme y me invitó a pasar. «Mi esposo está arriba en cama. Siga adelante», me dijo. «¿En la cama a las ocho de la noche?», pregunté. Ningún latinoamericano que yo haya conocido se va a la cama tan temprano, tal vez a medianoche, pero no a las ocho de la noche. Esa era la hora para unos *tacos de lengua*. Algo andaba mal.

—¿No lo sabe? —preguntó ella.

—¿Saber qué?

—Mañana va al hospital para una operación muy seria. Tiene un tumor que pone en peligro su vida.

—No tenía ni idea —respondí.

Subí. Debí saber que no estaría solo. Por lo menos veinte personas estaban en la habitación. En el sur de los Estados Unidos, cuando alguien muere, los parientes hacen una vigilia. Colocan el cuerpo en la casa y la gente viene a velarlo. En la cultura latinoamericana, hacen lo mismo, pero no esperan a que la persona muera. Muestran amor por una persona seriamente enferma, quedándose con ella en su habitación.

Socios, parientes, gente de la iglesia, todos formaban una herradura alrededor de la cama del hombre. Yo había venido con la esperanza de confrontar a este hombre sobre la desagradable situación con su pastor. *Yo pretendía hablar con él en privado y tratar de encontrar una solución*, me dije a mí mismo, *pero no puedo hacerlo aquí. No es posible tratar este asunto frente a toda esta gente. Voy a saludarlo, hablar con algunas personas y luego me iré.*

Otra costumbre latinoamericana es darle la mano a todos los que están en la habitación cuando uno llega y hacer lo mismo cuando uno sale. Si obvias esa costumbre, te considerarán grosero, por lo que comencé a apretar la mano antes de salir. Cuando estaba en la tercera persona, me encontré con el sobrino del hombre, quien asistía a nuestra antigua iglesia. «¿No va a orar por lo menos por él?», me preguntó en voz alta y poniéndome en evidencia.

Mi reacción inicial fue pensar: *no, no voy a orar por él, ¿qué bien haría? Él está lleno de resentimiento, amargura y falta de perdón; él abrió la puerta y le dio lugar al demonio. Podría poner mis manos en su cabeza y frotar hasta que perdiera todo su pelo y no ayudaría en lo mínimo. Podría orar «Lucero, lucero, tú que estás en el cielo, concédeme un deseo», porque no tiene ningún sentido orar por este hombre.*

Pero todos me estaban mirando y esperando, así que caminé hacia su cama. Mi mente me gritaba *¡Hipócrita!*, mientras oraba la más bonita oración pastoral que haya hecho jamás. *Realmente* fue bonita, pero yo sabía que nada sucedería. Él supo que nada sucedió y pienso que todos en la habitación supieron que nada sucedió.

El sobrino ciertamente lo sabía y cuando yo concluí la oración corrió abajo y regresó antes que yo terminara de dar la mano a todos. Tenía un gran frasco de aceite de cocina que colocó en mis manos, diciendo: «Únjalo en aceite, como dice la Biblia en Santiago 5». ¿Recuerdas el pasaje?

> ¿Está enfermo alguno de ustedes? Haga llamar a los ancianos de la iglesia para que oren por él y lo unjan con aceite en el nombre del Señor. La oración de fe sanará al enfermo y el Señor lo levantará. Y si ha pecado, su pecado se le perdonará.
>
> SANTIAGO 5:14-15

Yo me quedé sosteniendo el aceite y pensando: *Esto podría ser Mobil o Pennzoil o aceite 3-en-1, y no haría ninguna diferencia. No es el aceite el que sana, es la fe, pero ésta no resolverá nada si el corazón no está bien.*

El aceite es un símbolo importante. La Biblia nos dice, por ejemplo, que cuando un sacerdote en Israel cumplía treinta años, lo ungían en aceite. El aceite era un símbolo externo de lo que estaba sucediendo en su corazón al dedicarse a Dios. En efecto, decía: «Dios, cualquier cosa que esté haciendo y que no quieres que haga, la dejaré. Cualquier cosa que quieras que yo haga y que no esté haciendo, la haré». Eso es arrepentimiento, ponerse a cuentas con Dios en tu corazón. Ciertamente, yo no pensé que nada como eso estaba sucediendo dentro de este hombre.

Me incliné sobre su cama y le pregunté discreta e indirectamente: «¿Será que tal vez en algún lugar dentro de tu corazón tienes algo en contra de alguien?»

El hombre me miró y con fuego en los ojos, me respondió: «Sabe que sí».

—Sí, he oído algo —repliqué— y esta es la conclusión: ¿Quiere ser sanado o quiere hacerse la cirugía?

—¿Qué quiere decir?

—No hay sanidad mientras no haya perdón. La falta de perdón abre la puerta a Satanás para que entre en su vida. Usted tiene que perdonar y permitir que Dios ingrese de nuevo en su vida. Si usted lo hace, puede ser sanado.

—Quiero ser sanado —no le tomó más de treinta segundos decidirse.

—Usted necesita perdonar —insistí.

—Lo haré, lo haré.

—Perfecto. Cierre sus ojos y perdone a esa persona desde su corazón. Luego, pídale a Dios que le perdone por la amargura que ha estado llevando.

—Está bien —cerró sus ojos y oró por lo menos durante un minuto.

—Lo hice, lo he perdonado —anunció—. Tan pronto como pueda, iré y le pediré perdón. He estado equivocado.

Es una buena señal, pensé. Preparé el aceite. En el Seminario te enseñan a poner una gota de aceite en tu dedo y colocarla en la frente de la persona, pero confieso que mi método esa noche fue un poco extremo. Cuando saqué la tapa del frasco de aceite, tenía unos cuantos pensamientos escogidos para él. *¡Torpe! Hace ocho meses que la amargura y el odio te vienen carcomiendo. Abriste tu puerta al demonio y aquí estamos los dos.* Me puse una gran cantidad de aceite en las manos y se la embarré. Oré en amor, en fe y en el nombre de Jesús. De nuevo apreté las manos de los visitantes para sacar el aceite antes de irme a casa.

Unos días más tarde, Jeanie y yo nos encontramos con un miembro de su familia.

—¿Supieron lo que pasó? —preguntó.

—No, nada —respondí—. ¿Cómo estuvo la cirugía?

—No hubo cirugía. No pasaron ni cuarenta y cinco minutos después que usted salió, cuando su cuerpo eliminó el tumor.

Algunos podrían pensar que es una coincidencia, pero yo no lo creo. Yo creo que tan pronto como el hombre perdonó, se abrió la puerta para que la gracia, la misericordia y sanidad de Dios fluyeran en su vida.

Abandona la amargura y recibe la bendición

Dios no quiere negarte sus bendiciones. Él quiere bendecirte, sanarte, entregarte y restaurarte. Su Palabra promete más bendiciones para sus hijos de las que podríamos imaginar. Tu baúl podría estar repleto de sus tesoros, tan lleno que cuando te sientes en la tapa no podrás cerrarla. Pero solo si en primer lugar mantienes la puerta de tu baúl cerrado a la amargura.

Cuando venga la oportunidad de sentirte ofendido, más bien elige perdonar a quien sea por lo que sea. Abandonar la amargura traerá sanidad física y salud a tu cuerpo, además de fortalecer a tus huesos.

Descarga tu baúl

1. Profesionales del cuidado de la salud y psicólogos a menudo hacen referencia a la relación que hay entre cuerpo y mente y el estado de salud mental y físico. ¿Puedes tú también ver alguna relación entre tu baúl y tu cuerpo y cómo tu estado espiritual afecta tu salud física? ¿Conoces a alguien que durante un largo tiempo haya mantenido amargura en su baúl? ¿Ha declinado su salud física? No todos los enfermos están amargados, pero la mayoría de los que están amargados, eventualmente se enferman.

2. Hemos cubierto muchos efectos negativos de la amargura y hemos comentado cómo la amargura abre la puerta para que el enemigo ataque tu vida. ¿Alguna vez consideraste cómo lo opuesto también resulta cierto? El perdón cierra firmemente la puerta al demonio y tiene muchos efectos positivos en tu vida. Dios quiere sanar a sus hijos y «recompensa a quienes lo buscan» (Hebreos 11:6). Búscalo perdonando a otros de corazón y llegarán a ti la salud física y la fortaleza.

3. Si has orado para que Dios sane un cierto asunto de salud, pero aún no estás viviendo tu mejor momento en lo que a salud se refiere, reexamina tu baúl en busca de amargura. Perdona, así como el hombre que tenía el tumor decidió hacerlo, y luego haz lo que dice Santiago 5:14 y pide a los ancianos que oren y te unjan en aceite.

10 Amargura hacia Dios

La carga más ignorada

He conocido a muchos agnósticos que cuestionan la existencia de Dios, como también ateos que no creen en Dios, pero lo que más me asombra es la cantidad de personas que conozco que sienten amargura hacia Dios. Algunos están enojadas por cosas terribles que sucedieron en sus vidas o en sus familias. Otros han perdido a un ser querido y reaccionaron culpando a Dios: «¿Por qué te llevaste a mi hermano?», o «¿Cómo pudiste tomar la vida de mi madre cuando yo solo tenía cinco años?» Algunos piensan que podrán «vengarse» de Dios si dejan de poner su fe en él o si incluso declaran que él no existe. Como dice Salmos 1:1, se sientan «en la silla de los escarnecedores» y entran en antagonismo con Dios. Cualquiera sean sus razones y reacciones, están enojados con Dios. Muchos realmente odian a Dios.

¿Recuerdas que en el capítulo uno mencionamos que algunas cosas en tu baúl podrían ser demasiado difíciles de manejar por sí solas? La amargura hacia Dios es una de ellas; es difícil de enfrentar y en ocasiones se pasa por alto o se excusa. A veces se esconde profundamente. Puede hallarse muy por debajo de la superficie, debajo de los otros desperdicios del baúl. Tú puedes descargar tu baúl de la venenosa falta de perdón, de las relaciones fatales de quienes te ofendieron, de la ira desenfocada, de los malos hábitos como las quejas y las rivalidades y de toda la otra basura de la que hemos hablado. Puedes perdonar a todos por todo, pero si en lo más profundo de tu baúl mantienes amargura hacia Dios, te saldrás del camino de tu carrera espiritual. Esa carga evitará que llegues a cualquier parte.

Este capítulo te ayudará a buscar en tu baúl esa engañosa carga: la amargura hacia Dios. Si podemos determinar cómo llegaste a tenerla y aclarar algunos malentendidos, podremos sacarla a la luz y retirarla. Si este capítulo parece innecesario para ti, probablemente tengas esa carga. Léelo. Es posible que tengas que enfrentar tu ira contra Dios y este capítulo te ayudará a admitirla. Si este capítulo te parece intolerable o si estás tan enojado con Dios que todavía no deseas «hablar de esto», léelo de todas formas. En la vida suceden muchas cosas difíciles y culpar a Dios es el plan del enemigo para separarte de él y sus beneficios. El enemigo sabe que la carga en tu baúl hará exactamente eso y es posible que aquí leas algo que te ayude a ver cómo sacarla de tu baúl y volver a tu carrera espiritual.

Admítela y deséchala

A menudo le he dado a mi congregación mi versión de la consejería: «Admítelo y deja de hacerlo». Ya comprendes por qué nuestra iglesia tiene un departamento ministerial en el que laboran pastores asociados que son más adeptos a la consejería paciente y tinosa de lo que soy yo. Si nuestra gente necesita ayuda intensiva con asuntos que le están sucediendo, ellos saben que probablemente la oficina del pastor principal no es el mejor lugar para empezar. Sin embargo, la primera parte de mi versión, «admítelo», es exactamente el lugar para empezar cuando estás enojado con Dios.

Mucha gente que está enojada con Dios no admite que ellos creen que Dios les hizo algo malo. Es posible que tengan miedo de que otra gente se escandalice por semejante aseveración, o es posible que no quieran enfrentar a alguien que tratará de «hablarle acerca de eso». Admitir honestamente que piensan que

Dios les ha hecho algo malo, es el primer paso para liberarse de esta carga destructiva. Job estaba enojado con Dios y lo expresó en Job 27:2: «Juro por Dios, el Todopoderoso, quien se niega a hacerme justicia, quien me ha amargado el ánimo». No hay otra interpretación. Job estaba enojado con Dios.

A menudo, culpar a Dios por nuestros problemas y tristezas tiene su origen en un malentendido y ese fue el caso de Job. Fijémonos en otras declaraciones que Job hizo para descubrir el malentendido en la raíz de su amargura.

> *Todo es lo mismo; por eso digo:*
> *A buenos y a malos destruye por igual.*
> *Si alguna plaga acarrea la muerte repentina,*
> *él se burla de la angustia del inocente.*
> *Si algún malvado se apodera de un terreno,*
> *él les tapa los ojos a los jueces.*
> *Si no lo hace él, ¿entonces quién?*
>
> JOB 9:22-24

En este punto en la mente de Job, Dios es el autor de cada cosa mala que sucede en la tierra. Es posible que tú pienses lo mismo. Job estaba seguro que Dios destruía por igual a los buenos y a los malos. Si una plaga venía, Job sentía que Dios se reía del sufrimiento. Si los jueces tomaban una mala decisión, Job decía que Dios les había tapado los ojos. Pero nosotros sabemos por las Escrituras que Dios no destruye a los rectos junto con los malvados. Él no se divierte con el sufrimiento que causan las plagas como el SIDA. Tampoco le placen las decisiones de jueces malvados. Si Dios no estaba detrás de esas cosas terribles, entonces Job exigía una respuesta a la pregunta que toda persona amargada con Dios se hace: «¿Quién más podría ser?»

Tenemos una pequeña ventaja al buscar la respuesta con respecto a Job. Es una ventaja que él no tuvo. Job no podía buscar una Biblia para leer Job 1, 2 y 3. Job es el libro más antiguo de la Biblia y en los tres primeros y más antiguos capítulos que se hayan escrito, encontramos que no fue Dios quien estaba haciendo miserable la vida de Job y la de todos los demás. Era Satanás.

«Satanás se retiró de la presencia del Señor para afligir a Job con dolorosas llagas desde la planta del pie hasta la coronilla» (Job 2:7). Job estaba *convencido* de que Dios era quien lo atacaba:

> Yo vivía tranquilo, pero él me destrozó;
> me agarró por el cuello y me hizo pedazos;
> ¡me hizo blanco de sus ataques!
> Sus arqueros me rodearon.
> Sin piedad me perforaron los riñones,
> y mi hígado se derramó por el suelo.
> Abriéndome herida tras herida,
> se lanzaron contra mí como un guerrero.
>
> JOB 16:12-14

Dios está detrás de mí, pensaba Job, *él me está haciendo pedazos*. Pero era el demonio quien estaba detrás de Job, no Dios. De hecho, Dios le dijo al demonio: «¿Te has puesto a pensar en mi siervo Job? volvió a preguntarle el Señor. No hay en la tierra nadie como él; es un hombre recto e intachable, que me honra y vive apartado del mal» (Job 1:8). Dios amaba mucho a su siervo Job.

Dios te ama enormemente, aunque tú estés furioso con él. Tú *debes* estar furioso por las cosas que te hacen pedazos, pero es posible que tu ira esté mal dirigida; es posible que surja de los mismos malentendidos que Job tenía en su cabeza. No debes enojarte con Dios, sino con el demonio y con el pecado que hay en el mundo y que permite que él entre. Una vez que aclares ese malentendido, estás listo para seguir la segunda parte de mi consejería normal: «deja de hacerlo». Deja de enfocar tu ira en Dios y enfoca tu ira en el blanco correcto: Satanás, el autor de cada cosa mala que sucede en la tierra.

Teología básica

Aunque la Biblia es verdadera y las declaraciones que cité de Job están escritas ahí, recuerda que la Biblia, con el fin de evitar cualquier confusión, también establece que la teología de Job estaba *equivocada*. La primera cosa que Dios dijo cuando apareció para hablar con Job fue, parafraseada libremente, «Job, no sabes de lo que estás hablando». Job 38 nos cuenta que el Señor le respondió a Job en medio de la tormenta: «¿Quién es éste, que oscurece mi consejo con palabras carentes de sentido?» (Job 38:2).

Puesto de otra manera, si escuchamos el oscuro consejo y las palabras tontas de Job, caminaremos en la oscuridad, tal como él lo hizo y, posiblemente, aconsejaremos a otros que hagan lo mismo. Me asombra que la mayoría de las iglesias hagan esto: basar su doctrina de por qué suceden las cosas malas en la tierra directamente de la equivocada teología de Job. Muchos cristianos me han dicho: «Dios me dio este cáncer (o cualquier otra enfermedad) porque necesitaba acercarme más a él», o, «Dios permitió que me sucediera esta terrible situación para enseñarme una lección». Aunque sí es cierto que nos acercamos a él a través de las enfermedades o las pruebas y aunque él se dedica a transformar situaciones terribles para nuestro beneficio, Dios no es quien *causa* las cosas malas para luego obtener un buen resultado de ellas. Tomémonos un momento para examinar por qué suceden las cosas malas en esta tierra.

En el principio...

En Génesis 1, Dios creó al hombre y dijo:

> Hagamos al ser humano a nuestra imagen y semejanza. Que tenga dominio sobre los peces del mar, y sobre las aves del cielo; sobre los animales domésticos, sobre los animales salvajes, y sobre todos los reptiles que se arrastran por el suelo.
>
> VERSÍCULO 26

Dios nos creó a ti y a mí para tener dominio. Él nos creó hombre y mujer y nos puso sobre todas las obras de sus manos (ver Salmos 8:6). Génesis 2:15 nos da una descripción más detallada: «Dios el Señor tomó al hombre y lo puso en el jardín del Edén para que lo cultivara y lo cuidara». Eso nos lleva a la siguiente pregunta: ¿De quién, supuestamente, debe cuidar el hombre el

Jardín del Edén? ¿A quién se supone que debe mantener afuera? Ese *quien* es el demonio.

Tú sabes lo que pasó después:

> «y [Dios] le dio este mandato: Puedes comer de todos los árboles del jardín, pero del árbol del conocimiento del bien y del mal no deberás comer. El día que de él comas, ciertamente morirás».
>
> GÉNESIS 2:16-17

Entonces, Satanás tentó a Adán y a Eva y ellos comieron del árbol prohibido. Cuando ellos cedieron ante Satanás, abdicaron a la posición que tenían asignada, perdieron su dominio y autoridad. Lo despreciaron.

Pasaron unos cuantos milenios y entonces Satanás también tentó a Jesús. Lo llevó a lo alto de una montaña, le mostró todos los reinos del mundo y le dijo: «Sobre estos reinos y todo su esplendor, te daré la autoridad, porque a mí me ha sido entregada, y puedo dársela a quien yo quiera. Así que, si me adoras, todo será tuyo» (Lucas 4:6-7).

A diferencia de Adán y Eva, Jesús se rehusó rotundamente a la tentación: «Escrito está: Adorarás al Señor tu Dios, y a él sólo servirás» (Lucas 4:8). Sin embargo, fíjate que Satanás le dijo a Jesús que la autoridad y la gloria de todos los reinos del mundo le había sido entregada y que él se la daría a Jesús si lo adoraba. Si Satanás estaba mintiendo acerca del dominio, no habría existido una tentación para que Jesús la rechazara. ¿Quién le entregó ese dominio a Satanás? Adán. Cuando Adán pecó, Satanás tomó el dominio. «Por medio de un solo hombre el pecado entró en el mundo, y por medio del pecado entró la muerte…» (Romanos 5:12). Satanás tomó la autoridad de Adán, por ello la Biblia lo llama «el dios de este mundo» (2 Corintios 4:4). Fíjate que dios está con minúsculas. Satanás no reemplaza a Dios, él es sencillamente el dios de este sistema mundial y por culpa de él vivimos en un mundo que dista mucho de ser perfecto. No todo lo que pasa aquí es la voluntad de Dios. Si fuese así, cada persona en la Tierra sería salva. Primera de Timoteo 2:4 dice que Dios «quiere que todos sean salvos y lleguen a conocer la verdad». Dios desea que todo el mundo sea salvo, pero no todos son salvos porque no todos aceptan su voluntad para ellos. Jesús nos enseñó a orar para que la voluntad de Dios se hiciera en la tierra y en el cielo. Si todo lo que pasa aquí fuera automáticamente la voluntad de Dios, no habría necesidad de hacer esa oración.

El gran contraste

«Porque he bajado del cielo no para hacer mi voluntad sino la del que me envió», dijo Jesús (Juan 6:38). La vida de Jesús demostró cuál era la voluntad de Dios para la Tierra. Jesús, ungido con el Espíritu Santo y con poder, «… anduvo haciendo el bien y sanando a todos los que estaban oprimidos por el diablo…» (Hechos 10:38). ¿Quién oprimía a todos aquellos que Jesús sanó? ¡Correcto! El demonio.

Dios no trae enfermedad, padecimiento, opresión ni esclavitud al mundo. El demonio es el ladrón que viene a «robar, matar y destruir», como lo dice Juan 10:10. Si te roban algo, te matan o destruyen tu vida, no es algo que vino de Dios. Juan 10:10 es realmente el gran contraste que nos muestra lo que viene de Dios y lo que viene del demonio. También dice que Jesús vino «para que (nosotros) tengan vida, y la tengan en abundancia (que esté llena hasta que rebose)». De este versículo puedes deducir qué es lo que viene de Dios y qué es lo que no viene de Dios a tu vida. Todo lo que roba, mata y destruye, proviene del demonio, y todo lo que da vida en abundancia, proviene de Dios.

Otros versículos confirman el gran contraste de Juan 10:10 y muchos versículos nos advierten que no nos dejemos engañar al respecto. Curiosamente, cada vez que la Biblia nos dice «no sean engañados», se refiere a un aspecto en que la mayoría de las iglesias *están* engañadas. Si tú puedes entender la verdad en los siguientes versículos, estarás un paso adelante del noventa por ciento de los teólogos:

Mis queridos hermanos, no se engañen. Toda buena dádiva y

todo don perfecto descienden de lo alto, donde está el Padre que creó las lumbreras celestes, y que no cambia como los astros ni se mueve como las sombras.

SANTIAGO 1:16-17

¿Qué proviene de Dios? Todo lo bueno y perfecto.

«Pero pastor, ¿qué si Dios tiene un mal día?», podrías decir. «¿Qué si tiene un mal lunes?» Eso no sucederá nunca. Con él *no* hay variación ni se mueve como las sombras. Dios no tiene malos días ni mal humor. Dios siempre es el mismo, el mismo de ayer, de hoy y por la eternidad. Él siempre es un buen Dios.

Dios bueno, demonio malo

Si te han sucedido cosas terribles y has reaccionado cargando tu baúl con amargura hacia Dios, probablemente te has preguntado lo siguiente: *Si Dios es malo, la vida carece de esperanza. ¿Cuál es el objetivo al seguir viviéndola?* La amargura hacia Dios es una carga insoportable, pero también es innecesaria. Dios no es el autor de las cosas malas, él únicamente es el autor de las cosas buenas que hacen una vida abundante.

Si alguien que tú amabas murió, reconoce que Dios no es el autor de la muerte. Él llama a la muerte un enemigo. La muerte apareció junto con el demonio. Si quieres saber cómo es Dios, fíjate en el Jardín del Edén antes de la caída. No había enfermedad ni muerte. Después de la caída, Dios envió a su Hijo para «destruir (liberar, disolver, desintegrar) las obras del diablo» (1 Juan 3:8). Cuando Jesús regrese otra vez, el demonio tendrá su merecido y se irá para siempre; y el pecado, la muerte, la enfermedad, el padecimiento, la guerra, la peste —todo lo que roba, mata y destruye—, también se irán para siempre. Cuando Dios esté a cargo de nuevo, «Él les enjugará toda lágrima de los ojos. Ya no habrá muerte, ni llanto, ni lamento ni dolor, porque las primeras cosas han dejado de existir» (Apocalipsis 21:4).

Dios bueno, demonio malo, esa es toda la teología que vas a necesitar. Dios no es tu enemigo, Dios es tu respuesta. Tienes derecho a enojarte por las cosas destructivas que pasan en la vida, pero enójate con el demonio, no con Dios. Seguramente has escuchado la advertencia «No le den oportunidad al diablo» (Efesios 4:27, DHH), pero si hay un lugar en el que el diablo no debe entrar, es en tu teología. Debes comprender que es tu enemigo personal y que te odia. Él tiene un ejército de espíritus demoníacos que también te odian; y todos ellos están para robar, matar y destruir, para que tú vivas la peor vida que te puedas imaginar. Si darte cuenta de esto no tiene cabida en tu teología, tú vas a pensar que Dios te está atacando, cuando en realidad tu atacante es el demonio. Culparás a Dios por todo lo que suceda.

Todo el libro de Job trata de cómo él encontró un sinnúmero de tragedias y culpó a Dios por ellas. Job acusó a Dios de hacerlo un blanco y de lanzarle todas sus flechas (ver Job 16:12-13). Pero la Biblia especifica claramente que era Satanás quien atacaba a Job. Finalmente, Job se dio cuenta de su error y dejó de acusar a Dios. Él confesó: «Reconozco que he hablado de cosas que no alcanzo a comprender … pero ahora te veo con mis propios ojos. Por tanto, me retracto de lo que he dicho, y me arrepiento en polvo y ceniza» (Job 42:3, 5-6). Parafraseado, esto significa: «Señor, luego de ver cómo eres en realidad, sé que estaba equivocado acerca de ti. Voy a dar la vuelta para ir en una dirección diferente». Después Job oró por sus amigos, cuya teología también estaba equivocada, y «el Señor lo hizo prosperar de nuevo y le dio dos veces más de lo que antes tenía» (Job 42:10).

Dios cambió por completo la vida de Job, luego que éste enderezó su teología y oró por sus amigos. Job fue bendecido con el doble de lo que antes tenía. Terminó con el doble de camellos, el doble de asnos y el doble de ovejas, pero fíjate en lo siguiente: él terminó con la misma cantidad de hijos que antes. ¿Por qué no terminó con el doble de hijos también? Porque Job no había perdido los primeros. Si pierdes una oveja o un asno, se acabaron; si pierdes un camello (en la actualidad, eso sería tu auto), se acabó; si «pierdes» a tus seres queridos, no los has perdido. Ellos están muertos, pero no acabados. Están en el Reino Eterno, pero no los has perdido. Tú los verás de nuevo. Dios incluso nos quita el aguijón de la muerte.

Dios bueno, demonio malo. La teología es así de simple.

Descarga tu baúl

1. ¿Cuál fue tu primera reacción ante este capítulo acerca de la amargura hacia Dios? Si inmediatamente desechaste la idea de que se podría aplicar a ti, pero te sientes enojado y sin esperanza, este es el momento de admitir lo que tienes en lo profundo de tu baúl. Dios ya conoce tu corazón, nada es secreto para él. Admitir que tienes pensamientos amargos hacia Dios es el primer paso hacia la libertad de esta carga que ya no vas a ignorar.

2. Ya sea que acabes de admitir que tienes amargura hacia Dios o que lo sabías bien de antemano, el siguiente paso es desecharla y aligerar tu carga (recuerda mi consejo: «admitir y desechar»). Piensa en tus «por qué» que acompañan tu amargura hacia Dios: «Dios, ¿por qué tu…?» Ahora, vuelve a leer la porción de este capítulo titulado *Teología básica* y vuelve tu ira hacia el verdadero autor de tus problemas y tristezas: el demonio. Preséntate ante Dios y ora: «Dios, perdóname por haber estado enojado contigo. Por favor, cambia mi vida, así como lo hiciste con Job y ayúdame a mantener una teología clara y simple: *Dios bueno, demonio malo*».

3. ¿Estás enfrentando cosas que te están robando el gozo, matando física o espiritualmente o destruyendo tu vida? No todo lo que pasa es la voluntad de Dios; Jesús vino a destruir las obras del enemigo. Precisamente después del «Gran contraste» que encontramos en Juan 10:10, Jesús nos dice: «Yo soy el buen pastor. El buen pastor da su vida por las ovejas» (Juan 10:11). Dios está a tu favor, no en contra tuya. Asegúrate de que tu corazón esté mirando hacia él. Si tu corazón no es de él o si no estás seguro de ello, lee la sección titulada «Obtén el tesoro esencial», en el capítulo doce y espera que él cambie completamente tu vida.

11 Una clara conciencia y un baúl libre de desperdicios

Jeanie y yo somos unos entusiastas de la vida al aire libre, así que cada vez que teníamos una oportunidad para disfrutar de una aventura de esta clase, la aprovechábamos. Nuestra respuesta natural era «¡vamos!» Sin embargo, hubo una ocasión en que me sentí así.

Estábamos visitando a los padres de mi esposa en Palouse, Washington, y un amigo ofreció llevarnos a esquiar en la montaña el siguiente fin de semana. Esto fue a principios de abril de 1982, todavía había abundante nieve en las montañas. Sentí una lucecita que me decía que me negara a esta aventura, así que le dije a nuestro amigo: «No, gracias».

La historia habría terminado ahí de no haberse convertido en una anécdota familiar por la respuesta de Jeanie. Ella abrió su boca y con mucho entusiasmo dijo: «siempre he querido aprender a esquiar en la nieve. El año pasado cuando estuvimos aquí, estaba embarazada de Samuel y no pude patinar ni hacer nada. ¡Por favor, por favor!», suplicó parpadeando sus hermosos ojos azules ante mí.

Esos ojos azules son difíciles de resistir. Cedí y acordamos ir a esquiar, pero mi espíritu me decía, *no lo hagas*. No me gritaba, simplemente me susurraba. Debí haber orado con Jeanie acerca de esto y haber escuchado a Dios. Pero en su lugar, me puse gruñón, dice Jeanie que muy gruñón. Mi suegra y yo tuvimos un pequeño roce que duró toda la semana. No fui irrespetuoso, pero hice cosas pequeñas como comerme todas las fresas del refrigerador, sin dejarle a ella ni una sola. Eso no ayudó en mi relación con Jeanie y ella dice que esa fue la razón por la cual no se detuvo a considerar si en realidad yo estaba escuchando la voz de Dios con respecto a ir a esquiar. Ella pensó que si yo estaba fastidiado con su mamá, también lo estaría en cuanto a este asunto del esquí.

Yo sentía que las cosas no iban bien y no solo entre Jeanie y yo, o entre su mamá y yo, sino también entre Dios y yo. Me pasé toda la semana tratando de escarbar en mi espíritu. Yo sabía que algo no estaba bien con respecto a irnos a esquiar, pero no sabía exactamente qué. Era algo turbio; no había podido aclararlo.

Esquiar, un sueño hecho realidad

El sábado por la mañana condujimos hasta las colinas. Nuestro amigo comenzó a manejar el auto y yo grité: «¡Esperen! Siéntense y oremos». Eso era todo lo que sabía: la inquietud de mi espíritu durante toda la semana tenía que ver con esquiar. Así que até a Satanás, desaté los ángeles y nos cubrimos con la sangre de Cristo. Lo hice todo, por lo menos todo lo que yo sabía hacer. Luego nos encaminamos montaña arriba.

Empezamos en una elevación leve y a Jeanie le *encantó*. Esquiamos todo el día, excepto a la hora de almorzar y seguimos avanzando hacia laderas más difíciles. Jeanie aprendió rápido (ella es muy atlética) y pronto sabía lo básico. Le iba de maravilla y el paisaje era hermoso. Finalmente, a pesar de que Jeanie se sentía agotada, insistió en que quería intentar un pico más alto. Yo estaba contento con lo que habíamos logrado, pero ella se fue con nuestro amigo a desafiar la ladera más alta.

Lo que les voy a contar no me lo dijo Jeanie hasta tarde en la noche, cuando estaba acostada en la sala de emergencias con una pierna severamente fracturada. Pero ella, miércoles, jueves y viernes, había soñado sobre el esquí. Los sueños se referían a toda la diversión que íbamos a tener, aunque había una cosa en común: en cada sueño ella se caía y se fracturaba una pierna.

En realidad nos divertimos esquiando, pero montaña abajo,

la otra parte de los sueños de Jeanie, se volvió realidad. Ella descendía muy rápidamente y aunque trató de disminuir la velocidad, perdió el control, lo perdió por completo y se fracturó ambos huesos en la parte inferior de su pierna izquierda, a la altura de la bota. Sus heridas eran terribles. Tuvo que usar yeso durante *dieciséis meses* y al final, los Rayos X mostraron que los huesos no se habían unido bien del todo. Los médicos advirtieron que los huesos, en el mejor de los casos, habían recuperado solo el cinco por ciento de su fortaleza normal. Dijeron que se volverían a fracturar si no se le colocaba en uno de esos aparatos especiales. Incluso, plantearon la posibilidad de romper el hueso nuevamente y empezar el proceso de curación desde el principio (¡Ni locos! Pero guardaremos esa anécdota para un libro futuro acerca de la sanación. Jeanie sabía que Dios estaba obrado en su pierna, aunque los Rayos X no lo revelasen).

Tropezar en el desorden espiritual...

Es posible que pienses: *¿Por qué Dios no los protegió?* Él lo intentó, realmente lo intentó. Hizo que Jeanie soñara tres noches seguidas; hizo que yo perdiera la paz de mi espíritu. Es posible que pienses, *pero ustedes oraron antes de salir.* Sí, es cierto. Sin embargo, cuando estás lejos de la voluntad de Dios, puedes orar hasta ponerte azul y seguirás estando lejos de su voluntad. El Espíritu de Dios ya había colocado en mi espíritu el *no* ir. Yo sabía que había algo en mi corazón, pero no sabía qué era. La advertencia no estaba clara.

Estoy convencido que la razón por la cual no tomé en cuenta la advertencia de Dios, fue por la rivalidad que había en mi corazón. Permití que la discordia entre mi suegra, mi esposa y yo, se convirtiera en una ofensa y estaba tan ocupado cargando la ofensa que perdí la clara advertencia del Espíritu. No puedes ser parte de una contienda, ya sea en palabras o acciones externas o en pensamientos y actitudes internas, sin opacar tu espíritu y hacer a un lado tu habilidad de escuchar a Dios. Estaba demasiado ofuscado en mi interior para escucharle. Mi baúl estaba demasiado cargado con trastes.

Cuando tu baúl está lleno de desperdicios, tu espíritu se desordena. La definición del sustantivo desorden es: confusión y alteración del orden. Como verbo, desordenar significa: turbar, confundir y alterar el buen orden. Cuando las cosas están desordenadas, no puedes encontrar lo que estás buscando. ¿Alguna vez has pasado una hora buscando algo en tu garaje para al fin darte por vencido a causa del desorden? Mueves las cosas de un lugar a otro, buscas debajo y detrás de cada cosa, pero te sientes cada vez más frustrado. Finalmente, terminas por desperdiciar el dinero, comprándote lo que no pudiste encontrar en ese desorden.

De igual modo, tu espíritu puede estar desordenado con todos los despredicios. Es posible que estés enojado con alguien por lo que te hizo en el año 2002, y tienes algo más en contra del otro tipo que te ofendió en el 2005; y también con aquella persona que te hizo algo en el 2007; y además estás cargando las riñas de ayer con tu jefe y lo que hizo el cajero grosero del supermercado. Tienes tanta basura en tu espíritu, que todo es un completo desorden. Cuando Dios pone algo dentro de ti, no puedes entenderlo por completo. El Espíritu de Dios está tratando de entenderse contigo y tú piensas: *Dios me está diciendo algo, yo sé que es así, pero no puedo encontrarlo.*

Precisamente así fue como me sentí durante la semana en la que Jeanie se fracturó la pierna. Ese sábado que fuimos a esquiar, fue definitivo para nosotros. Los dos aprendimos algo sobre prestarle más atención a Dios. Jeanie no estaba prestando atención a los sueños de advertencia porque estaba demasiado distraída con el pensamiento de una fantástica mañana de esquí; y yo no lo estaba escuchando claramente porque estaba demasiado distraído con los pequeños asuntos familiares y las ofensas, que según yo, había recibido. Ambos aprendimos cuán serias pueden ser las consecuencias de estar distraídos. Tuvimos que lidiar con las consecuencias de la herida de Jeanie durante largo, largo tiempo.

Cuando tu baúl está lleno de desperdicios, no escuchas bien, porque estás preocupado tropezándote con todo el desorden. ¡Cuidado con tu pierna! Jeanie y yo sabemos de lo que hablamos.

Escuchar a Dios en tu espíritu

El apóstol Pablo se esforzó para eliminar el desorden y correr su carrera espiritual sin tropiezos. Nos dice en Hechos 24:16: «Por esto, yo también me esfuerzo por conservar siempre una conciencia irreprensible delante de Dios y delante de los hombres». Fíjate en las palabras «me *esfuerzo*». Esforzarse implica trabajo, por eso es que muchos de nosotros lo evitamos. En nuestro estado físico debemos esforzarnos y hacer ejercicios tres o cuatro veces a la semana, pero eso requiere mucha disciplina, no siempre es divertido y podría ser doloroso e inconveniente. Esforzarnos implica trabajar en algo que no sucede de manera automática. Por eso Pablo trabajó para mantener su conciencia libre de cualquier ofensa, porque no es un acto automático, requiere que continuamente examinemos nuestros corazones para evitar que esas pequeñas e irritantes cosas y los pedacitos de discordia desordenen nuestra sensibilidad espiritual.

Pablo se esforzaba por evitar ofensas con Dios y con los hombres y, de esa manera, mantener un baúl libre de basura. Su ejemplo es digno de seguir y hemos dedicado varios capítulos con este fin para examinar nuestros baúles, la importancia de sacar la basura y cómo podemos hacerlo. Ahora, vamos a orientar nuestros pensamientos a lo que necesitamos poseer en lugar de esa carga pesada. Una vez más nos referimos a Pablo.

En Hechos 23:1, Pablo se dirige a un concilio con las siguientes palabras: «Hermanos, hasta hoy yo he actuado delante de Dios con toda buena conciencia». En 1 Timoteo 1:19, Pablo urge a Timoteo a tener fe y una buena conciencia. Era absolutamente vital para Pablo que él tuviera una buena y limpia conciencia. Él sabía que su conciencia era la voz de su espíritu y que cuando Dios habla a la gente, le habla a sus espíritus. Una clara conciencia equivale a un espíritu ordenado; un espíritu ordenado equivale a tener sensibilidad a la voz de Dios.

Tus sentimientos físicos son la voz de tu cuerpo y te relacionan con el reino físico. Tus razonamientos son la voz de tu alma o tu mente y te relacionan con el reino intelectual. Cuando Dios te ilumina, no está hablando ni a tu cuerpo ni a tu mente. Dios es un Espíritu, así como tú; por eso, cuando Dios habla, le está hablando a tu espíritu: «El espíritu humano es la lámpara del Señor...» (Proverbios 20:27). Tu conciencia es la voz de tu espíritu y esa es la relación con Dios.

El Espíritu de Dios da testimonio a nuestros espíritus. Cuando la gente es salva, el Espíritu Santo les dice: «Ahora son hijos de Dios, han nacido de nuevo, están perdonados, están en camino al cielo». Tal como lo establece Romanos 8:16: «El Espíritu mismo le asegura a nuestro espíritu que somos hijos de Dios». Esa es la primera cosa que el Espíritu te dice cuando eres salvo, pero no es la última. Es solo la primera de un millón de cosas que escucharás de Dios en tu espíritu. Mientras vivas tu vida cristiana, el Espíritu hablará con tu espíritu, en ocasiones sobre cosas importantes y en otras sobre cosas pequeñas. No se supone que te guíes por la lógica o las puertas abiertas, ni por los sentimientos o las emociones, ni las circunstancias, ni las finanzas, ni por lo que tus amigos piensan. Se supone que el Espíritu de Dios te debe guiar hablándole al tuyo.

Una vez que tu baúl esté limpio, la clave para correr una buena carrera espiritual es permitir que el Espíritu Santo te guíe. A veces, la clave para la vida de uno es la guía del Espíritu. Durante una conferencia sobre el liderazgo en nuestra iglesia, un pastor invitado nos contó una historia acerca de él y un ministro amigo suyo. Estaban en el aeropuerto, viajando juntos luego de una conferencia y a punto de abordar el avión. Sin embargo, en su espíritu, este pastor visitante escuchaba: *no abordes ese avión; no lo abordes.*

Eso podría parecer tonto. Volar a través de los Estados Unidos es más seguro que cruzar la calle en la ciudad de Nueva York. Pero él no podía evitar lo que escuchaba en su interior y le dijo a su compañero de viaje: «Creo que no debemos abordar ese avión; algo me dice que no lo hagamos».

El otro hombre replicó: «No siento nada, quiero ir a mi hogar con mi esposa y familia. Yo lo voy a abordar».

Nuestro invitado se mantuvo firme: «Voy a esperar y tomar el siguiente vuelo». Él vio a su amigo seguir con lo planeado. El avión se estrelló y todos a bordo murieron.

Yo creo que el Espíritu de Dios les habló a estos dos hombres. El uno tenía la conciencia limpia y ordenada, y escuchó a Dios con claridad. No sé qué tendría el otro hombre que desordenaba su espíritu o qué carga tendría en su baúl, pero no escuchó la voz de Dios. Si tu conciencia no está clara, usualmente te perderás lo que el Espíritu de Dios le esté diciendo a tu espíritu. En ocasiones, te perderás lo que Dios tenga que decirte sobre cosas pequeñas, y aunque eso no es bueno, es posible que no sea mayor problema. En otras ocasiones, te pierdes la voz de Dios sobre algo importante y puede ser un gran problema... ¡enorme! Tener la conciencia limpia y ordenada, puede salvar tu vida.

Cómo se daña tu conciencia

Una conciencia clara y ordenada es un tesoro que recibes instantáneamente cuando eres salvo, perdonado y te has puesto a cuentas con Dios. Al iniciar tu carrera espiritual, hay algunas trampas que evitar en el camino. Caer en ellos podría dañar tu conciencia y si está dañada, no serás capaz de percibir lo que Dios te está diciendo. ¡No querrás abusar de tu conciencia y estropear tu habilidad para escuchar a Dios!

En los capítulos anteriores consideramos uno de estos obstáculos, me refiero a ofenderte. Mientras más amarguras guardes en tu baúl, más desordenado está tu espíritu y con menos claridad escuchas a Dios (si acaso lo escuchas). Esa no es la única forma de dañar tu conciencia. Examinemos otras dos trampas que debemos evitar. Luego, aprenderemos a reparar el daño, si es que ya has caído en alguno de ellos.

Cerrar tu espíritu a Dios

Parece obvio, pero para que el Espíritu te guíe, necesitas estar dispuesto a escucharlo. En verdad, él necesita ser Señor de *toda* tu vida. Si cierras tu espíritu en ciertas áreas, dañas tu conciencia y no puedes escuchar su Espíritu. Imagínate que te consideres tímido y decides no dar testimonio verbal de Jesús a nadie. Piensas: *haré cualquier otra cosa que Dios me pida, pero no daré testimonio, eso no es para mí.* Entonces, Dios te indica que debes hablar con alguien, pero tú no le escuchas porque cerraste tu espíritu en ese aspecto. O, imagínate que conoces a una madre soltera que tiene problemas financieros. Dios desea que alguien le ayude, pero ya tú tomaste una decisión acerca de las ofrendas. Piensas: *cada semana doy como ofrenda quince dólares para el Reino de Dios, eso es suficiente.* Estás cerrado en esa área. ¿Qué sucede? No escuchas a Dios acerca de bendecir a alguien más.

Te perderás la guía de Dios en los aspectos que hayas cerrado. Primera de Juan 2:27 dice: «Esa unción es auténtica —no es falsa— y les enseña todas las cosas». Dios quiere instruirte en *todas* las cosas, pero cuando no estás dispuesto a escuchar, no le oirás. Suena un poco simplista, pero la mejor manera de estar abierto, es no estar cerrado.

En Juan 12, Jesús tuvo que lidiar con algunas personas que no estaban dispuestos a escuchar la voz de Dios. Él estaba hablando sobre el propósito de su venida y dijo: «¡Padre, glorifica tu nombre! Se oyó entonces, desde el cielo, una voz que decía: "Ya lo he glorificado, y volveré a glorificarlo"» (Juan 12:28). Dios Padre habló —literalmente, en una voz audible— y ¿qué pensó la gente? Algunos dijeron que había tronado; otros dijeron que un ángel habló; Jesús les dijo: «Esa voz no vino por mí sino por ustedes» (Juan 12:30). En otras palabras: «no era para mí, sino para ustedes». Incluso así, la mayoría de ellos ni siquiera supo que Dios había hablado y se perdieron el mensaje.

Yo creo que esa es la situación actual de muchos de nosotros en la iglesia. Podemos estar tan cerrados espiritualmente a ciertas cosas, que aunque Dios nos esté hablando, no estamos oyendo sus instrucciones. Incluso, pensamos que él ya no está hablando, pensamos que se quedó en silencio cuando en realidad es nuestra propia condición espiritual la que evita que escuchemos a Dios. Debemos mantener nuestras conciencias ordenadas, abriéndonos a él como nuestro Señor y escuchando lo que él tenga que decirnos.

Tener tu conciencia marchita

Pablo enumeró algunas cosas que la gente hace cuando se aparta de la fe. Una de ellas es tener «cauterizada la conciencia» (1 Timoteo 4:2, LBLA). Si Dios te está diciendo *no hagas eso, no lo hagas*, y tú lo sigues haciendo, la Biblia dice lo que sucede: tu conciencia se cauteriza. El pecado daña severamente tu conciencia. Si coloco mi mano sobre una plancha caliente, el olor de carne quemada llenará inmediatamente la habitación. Sentiré un dolor punzante al momento del contacto y hasta mucho después. Eventualmente, el dolor cederá y mi mano sanará; entonces, tocaré la ampolla, pero no sentiré nada. Los neurotransmisores estarán demasiado quemados como para funcionar.

Sucederá lo mismo si repetidas veces sometes tu conciencia al pecado. La primera vez que decides pecar, tu conciencia grita *¡Detente, no hagas eso!* Ese es Dios hablándole a tu espíritu. Te sientes extremadamente inquieto porque sabes que no debes pecar, pero sigues adelante y de todas maneras obvias tu conciencia. Luego vendrá otra oportunidad de pecar y otra vez escucharás *¡No lo hagas!*, pero esta vez no será tan fuerte. Sigues adelante, a pesar de que te sientes incómodo. La siguiente vez que estés tentado, lo único que escucharás será un susurro: *no*. Tú sigues eligiendo el pecado, no por una semana, sino durante meses e incluso años. Cualquiera que sea —falta de perdón, chismes, comportamiento sexual ilícito— mientras repitas ese pecado, dejarás de escuchar lo que el Espíritu le diga a tu conciencia. Dios no ha dejado de hablarte, pero tu conciencia se cauterizó en ese aspecto y ya no puedes escuchar a Dios.

Reparar el daño

Conozco algunos cristianos que sienten que Dios no les habla. Él no les ha hablado durante un año o muchos años y raras veces lo escuchan. ¿Te sientes de esa forma? Es posible que mientras hablamos acerca del Espíritu de Dios dirigiéndose a nuestros espíritus, te hayas dado cuenta que no lo has escuchado últimamente. Con frecuencia, eso significa que tu espíritu está desordenado, que hay desperdicios en tu baúl. O es posible que le hayas cerrado algunos aspectos de tu vida a Dios. Tal vez continuaste en un cierto pecado hasta cauterizar tu conciencia. Si no sientes al Espíritu de Dios hablando dentro de ti, de alguna forma abusaste de tu conciencia.

Si quieres escuchar a Dios de nuevo, es posible reparar el daño mediante el arrepentimiento y la oración. Cuando te arrepientes, le das la espalda al pecado y decides no volver a caer en esta trampa. La sangre de Cristo limpiará tu conciencia cuando te arrepientas: «¿cuánto más la sangre de Cristo, el cual por el Espíritu eterno se ofreció a sí mismo sin mancha a Dios, purificará vuestra conciencia de obras muertas para servir al Dios vivo?» (Hebreos 9:14).

El arrepentimiento debe ser genuino. Esto implica alejarse completamente del pecado, de tal manera que si tengo que elegir de nuevo, no vuelvo a elegir el pecado. Hubo una ocasión en la que yo pensé que estaba genuinamente arrepentido ante el Señor. Me confesaba una y otra vez: «Señor, me arrepiento, realmente me arrepiento».

Estaba todavía delante de él, cuando su Espíritu me dijo: *No, no es cierto.* Lo repetí con más sinceridad: «Oh Dios, *me arrepiento*».

Y otra vez escuché: *No, no es cierto.*

Entonces, comencé a decir: «Dios, *lo siento tanto.* Lo siento».

Y esto fue lo que escuché: *Sí, lo sientes, pero lo que sientes es que no me guste tu pecado. A ti te gusta y quisieras que a mí me gustara, pero no me gusta y eso es lo que sientes. Pero tú no estás arrepentido.*

¡Auch! Por lo menos, estaba escuchando a Dios de nuevo aunque no me gustaba lo que escuchaba. Me dijo que yo sentía más su desaprobación por mi pecado, que el hecho de haber pecado. Así que tuve que arrepentirme por eso también, porque él estaba en lo correcto (como siempre).

El valor de una conciencia limpia

Una conciencia limpia es un tesoro invaluable, te permite vivir la mejor vida que puedas, ya que puedes escuchar a Dios. El Espíritu te puede guiar, hablándole a tu espíritu. 1 Juan 2:27 dice:

> «En cuanto a ustedes, la unción que de él recibieron permanece en ustedes, y no necesitan que nadie les enseñe. Esa unción es auténtica —no es falsa— y les enseña todas las cosas. Permanezcan en él, tal y como él les enseñó».

Esa unción es el Espíritu Santo, quien reside en ti. El Espíritu vino para vivir contigo para siempre y enseñarte todo. Pero hay que tener cuidado, alguna gente se toma muy en serio eso de «no necesitan que nadie les enseñe» y sacan los pasajes bíblicos fuera de su contexto. Dicen: «No necesitamos ir a la iglesia, no necesitamos escuchar el sermón, no necesitamos que nadie nos enseñe». Dios no se confunde, no se contradice a sí mismo. Efesios 4:11 dice que Dios puso maestros dentro de la iglesia. Si nadie necesitaba escuchar, él no habría puesto a los maestros. Tú debes escuchar las enseñanzas piadosas. Incluso más, toma en cuenta lo siguiente: en realidad, nadie puede enseñarte. Una persona puede comunicarte información, pero para que el Espíritu de Dios te hable es necesario que el Espíritu de Dios ponga esa información en tu espíritu.

Por ejemplo, estás leyendo estas palabras que yo he escrito y, mientras lo haces, la unción dentro de ti te está enseñando algo de estas palabras. Estás escuchando: *así es, así es. Eso no se aplica a ti, pero esta… realmente necesitas pensar acerca de eso.*

¿Puedes escuchar al Espíritu hablándole a tu espíritu mientras lees este libro? Esa es una de las maneras en las que el Espíritu obra para enseñarte todas las cosas.

Aquí tienes otro ejemplo: Te sientes agotado una tarde en la oficina o en casa con tus hijos y eres grosero con alguien a quien lastimas. Haces un comentario odioso y cuando lo haces, el Espíritu te comienza a decir: *eso no estuvo bien, eso no es amor. Fuiste ofensivo y grosero, discúlpate.* No es divertido escucharlo, pero te detiene. Con el fin de tener una conciencia limpia y escuchar la voz de Dios, debes entender muy claramente que necesitas esforzarte para evitar ofender a Dios y a las personas. Le obedeces y pides disculpas. Esa es otra manera en la que el Espíritu obra y te enseña sobre todas las cosas.

¿*Todas las cosas?*, pensarás. El Espíritu te hablará sobre todas las cosas, las grandes y las pequeñas, las importantes y aquellas que puedas considerar insignificantes. Él te hablará de tu trabajo, tus relaciones y de cómo tratas a tu cónyuge. Te tratará de la respuesta que debes dar cuando alguien es grosero contigo. Incluso te hablará sobre cómo debes conducir... sobre todas las cosas.

Al tener la unción, constantemente el Espíritu Santo obrará en ti y las enseñanzas para cada aspecto de tu vida serán inapreciables. Por esa razón, tener una conciencia limpia es un valioso tesoro. El Nuevo Testamento habla sobre tu conciencia treinta y una veces (yo las conté). Te insta a tener una conciencia limpia ante Dios y el hombre. Si llevas contigo el gran tesoro de una conciencia limpia, tu fe funcionará poderosamente. En lugar de tropezarte con el desorden y no escuchar lo que Dios te dice, el Espíritu Santo constantemente te aconsejará. Mientras más te esfuerces por mantener una conciencia limpia y escuchar al Espíritu, más madurarás espiritualmente:

El que sólo se alimenta de leche es inexperto en el mensaje de justicia; es como un niño de pecho. En cambio, el alimento sólido es para los adultos, para los que tienen la capacidad de distinguir entre lo bueno y lo malo, pues han ejercitado su facultad de percepción espiritual

Hebreos 5:13-14

Si estás deseoso de obedecer al Espíritu de Dios, la voz de tu espíritu será cada vez más clara y fuerte. Cada día de tu vida sentirás que Dios te dirige a hacer cosas, a corregir otras, a evitar otras y a cambiar algunas. Asegúrate de escuchar la voz del Espíritu, manteniendo tu conciencia limpia y tu baúl sin basuras.

Carga tu baúl con un tesoro

Luego de leer los capítulos anteriores, trabajaste en la sección «Descarga tu baúl» contestando las numerosas preguntas diseñadas para ayudarte a mantener tu baúl libre de cargas. En este momento ya debes tener suficiente espacio para nuevos tesoros. Uno de los tesoros más valiosos es una conciencia limpia sin resentimientos hacia Dios y el hombre. ¿Posees eso? Verifícalo con las siguientes preguntas:

1. ¿Luchas, tal y como lo dijo Pablo, para mantener tu conciencia libre de resentimientos hacia Dios y el hombre? ¿Examinas continuamente tu corazón para dejar ir cualquier irritación u ofensa que pueda desordenar tu espíritu y evitar que escuches a Dios? Recuerda que eso no pasa automáticamente, requiere trabajo.

2. Cuando te arrepientes, ¿realmente te entristeces por haber pecado, o porque Dios no lo aprueba? ¿Qué harías si tuvieras que elegir de nuevo en la misma situación? Sentir un genuino arrepentimiento significa que no pecarás de la misma forma.

3. Si sientes que Dios ha guardado silencio acerca de ciertos aspectos de tu vida, ¿será porque tal vez tú le has cerrado algunos de ellos? Él quiere instruirnos en *todas las cosas*. Para que puedas escuchar a Dios de nuevo repara tu conciencia dañada a través del genuino arrepentimiento.

4. ¿Estás involucrado en algo que inicialmente te hizo sentir

terrible, pero que con el tiempo se ha vuelto aceptable para ti? Considera la posibilidad de que el pecado repetido haya cauterizado tu conciencia. Pregunta a un amigo de confianza si ve algo en tu vida que contradiga la Palabra de Dios y que necesite corrección. Recuerda: «las correcciones y los consejos son el camino de la vida» (Proverbios 6:23, DHH). Permite que la Palabra de Dios renueve tu mente en ese aspecto del pecado, repara tu conciencia a través del arrepentimiento. Sé sensible a la voz de Dios, manteniendo tu conciencia limpia y tu baúl libre de cargas.

12

El perdón genuino y el tesoro esencial

The Healing Song [Canción de sanidad]

Dicen que el tiempo sana todas las heridas
Pero yo no estoy de acuerdo,
Hay heridas en mi corazón
Que no he superado.
Pensé que había olvidado,
Pensé que había perdonado,
Pero al ver dentro de mí
Todavía siento el dolor.

Te necesito
Para sanar cada herida,
Te necesito
Para hacer lo que tú haces
Con los que tienen el corazón roto
Con los quebrantados
Desesperadamente necesito tu sanidad…
Te necesito.

Curt Coffield escribió esta canción cuando era pastor de adoración en nuestra iglesia. Tocó profundamente a cientos de personas de nuestra congregación que desde hacía mucho tiempo traían desperdicios en su baúl. Curt escribió la letra mientras realizaba una campaña de evangelización en Bosnia, e inicialmente la canción ministraba a aquellos que habían sufrido traumas por la guerra. Sin embargo, cuando trajo la canción a casa, se dio cuenta que también le hablaba a aquellos que sufrían heridas internas por batallas espirituales. Esta canción ayudó a la gente a dar una mirada honesta, e incluso dolorosa, a su interior, e hizo lo que otras cosas no habían podido hacer. Le pidió al gran Yo Soy, quien es nuestro sanador, que interviniera y nos ayudara a quitar todas las cargas.

Dejar en el pasado las heridas de tu corazón, puede ser difícil. La canción de Curt expresa todo lo que hemos estado hablando: el tiempo no sana las heridas que las ofensas causan, la raíz amarga en nosotros simplemente crece más grande y profunda. Tú puedes quebrantarte tratando de perdonar y olvidar mediante tus propias fuerzas, pero eso tampoco ayuda. Cuando echas una mirada profunda, todavía sientes el dolor. Para librarte del dolor, primero tienes que quitar la amargura de tu baúl. A veces necesitas ayuda externa para hacerlo. Necesitas a Dios. Él puede revelar aspectos que no has perdonado, ayudarte a liberarte de estos y perdonar por fe.

A través de este libro hemos observado detenidamente tu baúl, ese lugar en donde llevas las cosas más cercanas a tu corazón. Hemos hurgado muchas clases de dolores, cargas pesadas que has almacenado. Hemos hecho preguntas difíciles y mutuamente nos hemos ayudado a llevar las cargas mientras repasamos cómo sacar esa basura. Si tú sientes que hay algún tipo de carga dentro de ti, haz lo que sugiere la canción *The Healing Song*. Admite que necesitas que el Señor te ayude a liberarte de esas cargas finales. Perdona por fe y pídele que te sane completamente, como solo él puede. ¡Él lo hará! Ninguna carga es demasiado pesada para él. Como lo dije al principio, él es todo lo que necesitamos para que las cargas sean ligeras. Jesús nos lo dijo:

Vengan a mí todos ustedes que están cansados y agobiados, y yo les daré descanso. Carguen con mi yugo y aprendan de mí, pues yo soy apacible y humilde de corazón, y encontrarán descanso para su alma. Porque mi yugo es suave y mi carga es liviana.

MATEO 11:28-30

Jesús no quiere decir que debemos llevar solo la carga ligera, él quiere que seamos totalmente libres de toda carga. Lo que él quiere decir es que la carga de cumplir su propósito para tu vida será ligera porque estarás bajo su yugo. Si mantienes tu relación con él, no tendrás la carga de la falta de perdón. Eso hará más fácil mantener tu baúl libre de toda basura.

En este capítulo final encontrarás cuatro pasos para el perdón y cuatro señales de perdón genuino. Si vas a seguir el ejemplo de Jesús y perdonar como él perdonó, tu baúl se desbordará de paz. Tu corazón se sanará y de nuevo estará saludable. Las cosas cambiarán para ti, especialmente cuando estés seguro de poseer el tesoro esencial: la salvación. A medida que dejes atrás el pasado y sepas lo que Dios tiene para ti, comenzarás a vivir tu mejor vida para él.

Cuatro pasos para el perdón

Yo oro para que tu baúl esté más libre de cargas que cuando iniciamos. Espero que estés corriendo tu carrera espiritual con renovada energía y tu corazón esté lleno de paz. Continúa arrancando todos los días cualquier pequeña raíz de amargura, antes de que se incruste. Hazlo perdonando a otros cuando ores. Las ofensas resbalarán como el agua en la espalda de un pato.

Para asegurarte de que tu baúl esté libre de cargas, aquí tienes una lista de los cuatro pasos para el perdón. Si encuentras una ofensa, sigue estos pasos para arrancar las raíces amargas:

Paso 1: Pídele a Dios que te perdone por permitir que la amargura eche raíces. La falta de perdón es un pecado. Fuiste perdonado libremente y ahora tú debes perdonar libremente.

Paso 2: Por fe y desde tu corazón perdona a quienes te ofendieron. No exijas una compensación. Tu perdón nunca justifica las acciones pecaminosas, pero sí, te libera del dolor del veneno mortal de la amargura.

Paso 3: Refleja tu fe en las obras, ora pidiendo perdón. Ora diariamente por quienes te ofendieron, especialmente si sientes algún resentimiento. Tu corazón se enfocará en ellos al orar pidiendo que Dios los bendiga y el amor de él crecerá en ti.

Paso 4: Cierra la puerta a los ataques demoníacos en tu vida. La amargura abre puertas al demonio, por ello debes usar la autoridad espiritual que tú tienes en el nombre de Jesús, para con firmeza cerrar la puerta al enemigo. Di: «Satanás, en el nombre de Jesús, tomo autoridad sobre cada ataque demoníaco en mi vida, sobre cada espíritu que ha tratado de atacarme a mí o a mi familia, a mi hogar, a mi negocio, a mis finanzas, a mi salud física o a cualquier otro aspecto de mi vida. Te ato en el nombre de Jesús y te ordeno que salgas. Esta puerta está cerrada para ti».

Este último paso es extremadamente importante. Nunca lo olvides. Cuando abres la puerta de tu baúl a la amargura, el demonio trabaja horas extras para cargar en ella cualquier cosa desagradable que le sea posible. Pero como cristiano, cuando perdonas, tienes todo el derecho de detenerlo. Si no eres cristiano, puedes obtener la autoridad espiritual necesaria para tratar con el demonio. Tómate un tiempo para pensar en las secciones, que encontrarás más adelante en este capítulo, tituladas: «Cuatro cosas que Dios no conoce» y «Obtén el tesoro esencial».

Cuatro señales de perdón genuino

¿Cómo sabemos si realmente hemos perdonado a alguien? Cuando perdonamos por fe y oramos, nuestras acciones y actitudes darán señales de un perdón genuino. En el capítulo ocho examinamos el baúl de José y encontramos genuinos tesoros en su interior, tesoros que él usó para mantener la amargura alejada. José demostró cómo darle la vuelta a la amargura, pero también nos enseñó algo más: las señales del perdón genuino. Podemos aprender mucho de la profundidad del perdón de José que cubrió el pecado de quienes lo ofendieron, los hizo sentir restaurados, los motivó a perdonarse a sí mismos y soportó la prueba del tiempo. ¿Puede tu perdón ir tan profundo? Comparémoslo con el ejemplo de José.

Primera Señal: Para saciar el hambre, los hermanos de José viajaron hasta Egipto y se presentaron ante él sin saber su identidad. Incluso, antes de José darse a conocer, les mostró la primera señal de perdón genuino: él cubrió el pecado de sus hermanos.

> José ya no pudo controlarse delante de sus servidores, así que ordenó: «¡Que salgan todos de mi presencia!» Y ninguno de ellos quedó con él. Cuando se dio a conocer a sus hermanos...
>
> GÉNESIS 45:1

José vació la habitación para tratar en privado los asuntos del pasado. El faraón y los egipcios ni siquiera sabían de la crueldad de los hermanos de José y les dieron una entusiasta bienvenida. Cuando perdonas a alguien, no lo riegues contando a todos la situación. Protege la reputación de quien te ofendió. Proverbios 10:12 dice: «El odio es motivo de disensiones, pero el amor cubre todas las faltas». Si tú albergas odio y falta de perdón, querrás informar a todos la injusticia que sufriste. Sin embargo, el amor cubre una multitud de pecados. El genuino perdón protege a quien tú has perdonado.

Segunda Señal: La segunda señal de genuino perdón que José nos mostró fue querer que quienes le ofendieron se sintieran cómodos con él. Los hermanos de José estaban tan aterrorizados que cuando supieron su identidad no pudieron ni hablar. Pero él les dijo: «por favor no se aflijan más ni se reprochen el haberme vendido, pues en realidad fue Dios quien me mandó delante de ustedes para salvar vidas» (Génesis 45:5). José los hizo sentir perdonados, les aseguró que él no iba a vengarse y que veía la mano de Dios en los sucesos pasados.

Los hermanos de José le pegaron, lo vendieron y eran responsables de sus años en prisión; pero Dios usó las circunstancias para lograr algo magnífico: la preservación de innumerables vidas durante la hambruna. José también quería preservar a su familia. La falta de perdón hace que tú quieras que quienes te ofendieron se sientan terribles, que quieran flagelarse y que se sientan como la escoria del mundo por lo que hicieron. Pero el verdadero perdón quiere que sepan que tú les aceptas y les amas.

Tercera Señal: José desplegó una tercera señal de verdadero perdón cuando deseó que quienes le ofendieron fueran un paso más allá y se aceptaran a sí mismos otra vez. Fíjate en sus palabras: «no se reprochen». En efecto, lo que estaba diciendo era: «perdónense ustedes mismos». Él les dijo: «Fue Dios quien me envió aquí, y no ustedes. Él me ha puesto como asesor del faraón y administrador de su casa, y como gobernador de todo Egipto» (Génesis 45:8). José no culpaba a sus hermanos por el pasado y tampoco quería que ellos se culpasen, él quería que ellos estuvieran libres de todo remordimiento para restablecer las relaciones familiares.

Todos necesitamos el perdón de Dios y el de aquellos a quienes ofendemos, pero en realidad no podemos movernos de donde estamos, a menos que nos perdonemos a nosotros mismos. Sin perdón, tú quieres que quienes te ofendieron se ahoguen en sus propios remordimientos y reproches. El perdón genuino hace que tú esperes que hayan dejado atrás su pasado pecaminoso y sigan adelante.

Cuarta Señal: José demostró la cuarta señal del perdón genuino cuando siguió perdonando. Más de una década después de haberse reconciliado con sus hermanos murió Jacob, su padre. Sus hermanos se dijeron unos a otros: «Tal vez José nos guarde rencor, y ahora quiera vengarse de todo el mal que le hicimos» (Génesis 50:15). Una vez más, temiendo hablar con él, enviaron mensajeros a José con una historia de que Jacob, en su lecho de muerte, les había pedido que le dijeran a José en su nombre: «Díganle a José que perdone, por favor, la terrible maldad que sus hermanos cometieron contra él...» (Génesis 50:17). Si José hubiese pensado que esa era la solicitud de su padre moribundo, tal vez hubiese tenido misericordia de ellos...

José lloró cuando supo que sus hermanos no habían dejado el pasado atrás. Ellos vinieron y se arrodillaron frente a él; y él les aseguró:

> No tengan miedo ¿Puedo acaso tomar el lugar de Dios? Es verdad que ustedes pensaron hacerme mal, pero Dios transformó ese mal en bien para lograr lo que hoy estamos viendo: salvar la vida de mucha gente. Así que, ¡no tengan miedo! Yo cuidaré de ustedes y de sus hijos.
>
> GÉNESIS 50:19-21

José volvió a facilitarle todo a sus hermanos, aunque de nuevo se le presentaba la oportunidad de venganza. La falta de perdón hace que nutras el rencor hasta que tu sed de venganza se haya satisfecho, pero el perdón genuino se mantiene firme y persevera con el tiempo.

Cuando perdonamos de verdad, nuestras acciones y actitudes muestran las inconfundibles señales del perdón genuino. Cubrimos los pecados de quienes nos ofendieron, luchamos para facilitarles las cosas, queremos que sepan que les aceptamos y que deseamos que ellos se acepten, y nuestro perdón perdura. De verdad dejamos ir el pasado y esperamos que quienes nos ofendieron puedan hacer lo mismo y sigan adelante viviendo lo mejor de sus vidas para Dios.

Cuatro cosas que Dios no conoce

La Biblia nos dice que Dios es omnisciente y omnipotente, o en palabras simples, lo sabe todo y es todopoderoso. Sabemos que esto es cierto, pero hay cuatro cosas que Dios no conoce.

Primera: Dios no conoce a un pecador a quien él no quiera.

Él ama a cada persona del planeta, incluso a los que están lejos de él. Es posible que hayas hecho algo o que algo te haya pasado, por lo cual tú crees que hay distancia entre tú y Dios. Es posible que tú creas que él está enojado contigo y que no te quiere aceptar. ¡No es verdad! Necesitas saber que *nada* te puede alejar del amor de Dios. Solo necesitas recibir su perdón y hacer de Jesús el Señor de tu vida.

Segunda: Dios no conoce un pecado que él no odie. Él ama a todos los pecadores, pero odia el pecado. Podemos categorizar a los pecados como grandes o pequeños, pero el pecado es pecado ante los ojos de Dios. Tal vez eres un cristiano que ha cometido un pecado «pequeño». Tú sabes en tu corazón que no estás donde debes estar con Dios, que te has alejado. Oseas 6:1 dice: «¡Vengan, volvámonos al Señor!» Lo único que tienes que hacer es volver, arrepentirte y reconciliarte con Dios.

Tercera: Dios no conoce ninguna otra forma para estar en su presencia, que no sea a través de Jesús, su Hijo. Quizás tú pienses que no oras o meditas lo suficiente, que no ayunas o sufres lo suficiente; que no llevas una vida lo suficientemente buena. Eres como los millones de personas que dicen: «Trato de vivir una vida buena, creo en Dios, voy a la iglesia; pero si mi corazón dejara de latir en los próximos treinta segundos y me quedara parado frente a Dios, no estoy seguro si seré salvo o no. Espero llegar al cielo; supongo que descubriré mi suerte cuando muera». La Biblia dice que tú puedes *saber* que tienes vida eterna (ver 1 Juan 5:13). Si esperas hasta que mueras para saberlo, habrás esperado demasiado. Necesitas saber ahora que eres salvo y la única forma de estar seguro es a través de Jesús, quien dijo: «Yo soy el camino, la verdad y la vida. Nadie llega al Padre sino por mí» (Juan 14:6).

Cuarta: Dios no conoce un mejor momento para que te acerques a él, que el día de hoy. «Ahora es el tiempo propicio; ahora es el día de salvación» (2 Corintios 6:2). ¿Sabías que la palabra favorita del demonio no es más que una que tiene tres sílabas: *mañana*? Él te dirá que arregles las cuentas con Dios *mañana*. ¿Recuerdas la plaga de sapos en Egipto? El faraón le dijo a Moisés que las ranas eran insoportables. Él permitiría que los israelitas adoraran a Dios si Moisés le pedía al Señor que retirara las ranas. Moisés estuvo de acuerdo y le dio al faraón el privilegio de decir cuándo quería que las ranas se fueran, y el faraón respondió: «Mañana». ¿Mañana? ¿Sería que el faraón quería comer ranas durante un día más? ¿Sería que quería ranas aplastadas en su trono un día más? ¿O sería que quería dormir con ranas en su cama una noche más? A menudo he pensado que la respuesta del faraón es el versículo más ridículo en la Biblia. El faraón pudo haber dicho: «*Hoy*. Haz que las ranas se vayan inmediatamente». Pero el demonio siempre te dice que te quedes un día más pecando. Él quiere plagar tu vida y cargar tu baúl con un día más de basura. Dios siempre te dirá que vengas a él *hoy*.

Obtén el tesoro esencial

No importa quién seas o lo que hayas llevado en tu baúl, hoy es el día en que puedes obtener el tesoro esencial: la salvación. Esto es indispensable si quieres tener una vida mejor. Es la perla de gran valor en Mateo 13:45-46: «También se parece el reino de los cielos a un comerciante que andaba buscando perlas finas. Cuando encontró una de gran valor, fue y vendió todo lo que tenía y la compró». Vale la pena vender todo tu corazón y tu alma con tal de obtener la ciudadanía en el Reino de Dios, convertirte en un hijo de Dios y en un heredero de toda la riqueza de su misericordia y gracia.

¿Estás en una de las categorías que mencioné en la última sección? ¿Estás alejado de Dios o sientes que algo ha creado un abismo entre los dos? ¿Eres cristiano y sabes en tu corazón que te estás alejando? ¿Eres uno de esos millones que están tratando de vivir una vida lo suficientemente buena y, sin embargo, no están seguros de llegar al cielo? Si estás en cualquiera de esas categorías, necesitas comprar la perla de gran valor.

¿Cómo? Jesús dijo que *debemos* nacer de nuevo. Hoy necesitas rendir tu vida a Dios y recibir a Jesús como tu Señor. Cuando todo lo que tú tienes sea de él, entonces todo lo que él tiene será tuyo y tu baúl rebosará con tesoros. Esa es la decisión más importante que jamás harás. Esta noche, cuando pongas tu cabeza en la almohada, sabrás que estás salvo y no perdido. Sabrás que no estás condenado, sino perdonado.

La Biblia dice en Romanos 10:13 que «todo el que invoque el nombre del Señor será salvo». «Todo» te incluye a *ti*. Esto funcionará para ti; siempre funciona. Invoca el nombre del Señor cuando hagas la siguiente oración y Dios promete que serás salvo. Pasarás de la muerte a la vida. Dios cambiará tu destino inmediatamente, *hoy*. Todo lo que tienes que hacer es orar desde tu corazón:

Oh, Dios, vengo ante ti en el nombre de Jesús

Yo creo que Jesús murió en la cruz,
Que él derramó su preciosa sangre,
Y que pagó por mis pecados.
Recibo tu perdón por todos mis pecados.

Creo que Jesús se levantó de la muerte,
Lo recibo a él como el Señor de mi vida.
Ya no voy a vivir para complacerme a mí mismo.
Voy a vivir para Jesús todos los días.

Demonio, me perdiste.
Jesús, soy tuyo.

Padre Celestial, agradezco que hayas escuchado mi oración.
Gracias, porque según tu Palabra
mis pecados han sido perdonados,
mi pasado ha quedado atrás.
Soy tu hijo y voy camino al cielo.
En el nombre de Jesús, amén.

Si tú has hecho esta oración desde tu corazón, eres un hijo de Dios y estás en el camino al cielo. Tu vida jamás será igual.

Vive tu mejor vida para Dios

Efesios 4:31-32 dice:

«Abandonen toda amargura, ira y enojo, gritos y calumnias, y toda forma de malicia. Más bien, sean bondadosos y compasivos unos con otros, y perdónense mutuamente, así como Dios los perdonó a ustedes en Cristo».

Mi oración es que este libro te haya motivado a hacer lo que dicen las Escrituras. Que tu corazón esté libre, que esté sanado y que hayas puesto a un lado la amargura y todos sus frutos amargos.

Que sigas perdonando continuamente por fe, para que la ofensa te resbale y la paz te inunde. Que saques todas las basuras de tu baúl, que dejes el pasado atrás y que desde ahora en adelante vivas por siempre tu mejor vida para Dios.

Pastor Duane Vander Klok, es graduado del Instituto Cristo para las Naciones, en Dallas. Obtuvo su doctorado en Filosofía y en Teología en la Universidad Zoë, en Jacksonville, Florida. Pastorea la iglesia *Resurrection Life* (RLC), de Grandville, Michigan.

Él y Jean, su esposa, sirvieron durante siete años en el campo misionero de Méjico, con un énfasis especial en sembrar iglesias y enseñar en las escuelas bíblicas. En 1984 aceptaron el pastorado de la iglesia *Resurrection Life*.

Resurrection Life tiene una asistencia semanal aproximada de ocho mil personas, con cinco servicios cada fin de semana y uno entre semana. También están involucrados en plantar nuevas iglesias. El pastor Duane, además de supervisar nuevas iglesias, es anfitrión de un programa diario de televisión llamado *Walking by Faith* [Caminando en la fe] y viaja por los Estados Unidos, Latinoamérica y otros países, alentando al cuerpo de Cristo con enseñanzas prácticas acerca de la Palabra de Dios.

Duane y Jean tienen tres hijos y una hija: Joshua y Nancy, su esposa, quienes junto a su hijo Gabe, son misioneros en México; Samuel y Daniel, quienes actualmente trabajan en el Departamento Ministerial para Estudiantes de RLC, en Grandville; y Stephanie, quien está estudiando en la Universidad Hillsong, en Sydney, Australia.

Invitamos a todas las personas nuevas en la fe a comunicarse con la iglesia *Resurrection Life* para recibir una copia gratis de *Your New Life* (Tu nueva vida), un libro de Duane. Visita www.walkingbyfaith. org, para solicitar una copia o llama a la línea de oración 1-800-988-5120. La línea de oración también está disponible para presentar tu necesidad de oración.

Nos agradaría recibir noticias suyas.
Por favor, envíe sus comentarios
sobre este libro a la dirección
que aparece a continuación.
Muchas gracias.

EDITORIAL VIDA
7500 NW 25th Street, Suite 239
Miami, Florida 33122

vida@zondervan.com
www.editorialvida.com